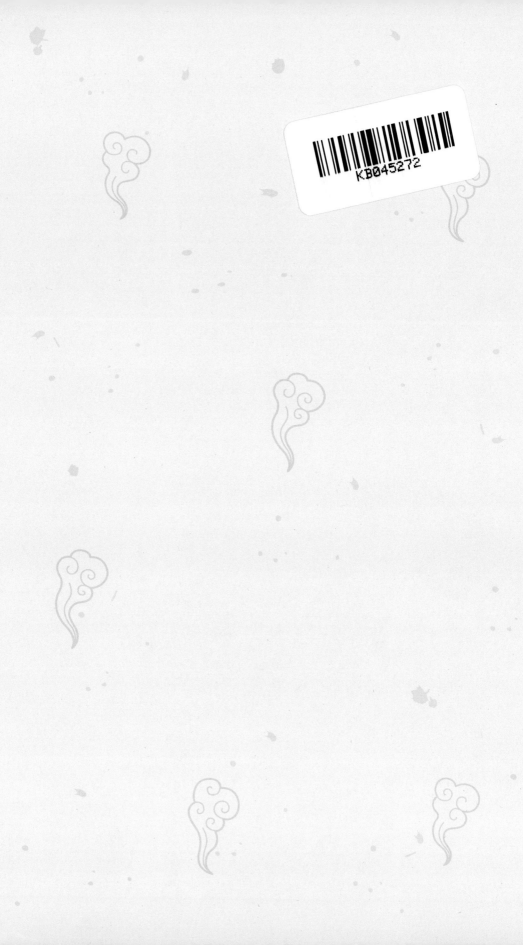

콩나물쌤의 문해력 꽉 잡는

한자어 수업

5
위치

그린애플

콩나물쌤의 문해력 꽉 잡는
한자어 수업 5(위치)

초판 1쇄 인쇄 2023년 6월 28일
초판 1쇄 발행 2023년 7월 5일

지은이 전병규
감수 김아미
펴낸이 이범상
펴낸곳 (주)비전비엔피 · 그린애플

기획 편집 이경원 차재호 정락정 김승희 김연희 박성아 김태은 박승연 박다정 한지은
디자인 최원영 허정수 이설
마케팅 이성호 이병준
전자책 김성화 김희정
관리 이다정

주소 우) 04034 서울특별시 마포구 잔다리로7길 12 (서교동)
전화 02) 338-2411 | **팩스** 02) 338-2413
홈페이지 www.visionbp.co.kr
인스타그램 https://www.instagram.com/greenapple_vision
포스트 post.naver.com/visioncorea
이메일 gapple@visionbp.co.kr

등록번호 제2021-000029호

ISBN 979-11-92527-34-5 64700
      979-11-92527-12-3 (세트)

추천사

우리말에는 한자어가 많고, 교과서 속 어려운 개념어도 대부분 한자어입니다. 그렇기 때문에 문해력을 높이기 위해서는 한자를 아는 것이 매우 중요합니다. 한자 지식이 있으면 낱말의 뜻을 정확히 이해할 수 있고 학업에도 큰 도움이 됩니다. 그런데 한자 공부는 아이들에게 어렵고 외워야 하는 게 많아 부담스럽습니다. 이 책은 암기의 부담 없이 한자어를 익히면서 추론력, 어휘력, 탐구력까지 덤으로 키우는 구체적인 방법을 담고 있습니다. 문장 표현을 통해 자연스럽게 한자의 뜻을 짐작하고, 실제로 사용하면서 쉽고 재미있게 한자를 익히도록 구성되어 있습니다. 이 책을 통해 꾸준히 한자어를 익히면 모르는 단어를 만나더라도 그 의미를 유추하는 힘을 키울 수 있을 것입니다. 한자 교육의 필요성을 알지만 어떻게 이끌어 줘야 할지 막막한 부모라면 아이에게 이 책을 주세요. 문해력 전문가 전병규 선생님이 알려 주는 노하우를 따라가다 보면 확실히 문해력을 키울 수 있을 것입니다.

오뚝이쌤 윤지영(초등학교 교사, 《엄마의 말 연습》 저자)

저는 어린 시절 다져 놓은 어휘력의 덕을 많이 본 학생이었습니다. 어릴 때 아버지께서 신문 읽기와 한자 공부를 강조하셨던 덕분인데요. 한자를 모두 외워 쓰지는 못했지만, 단어를 보고 이게 어떤 한자어로 조합된 단어인지, 단어의 정확한 의미가 무엇인지 쉽게 파악하고 추론할 수 있었습니다. 이는 국어, 사회 등을 비롯해 모든 과목의 학습에 커다란 무기가 되었습니다. 아직도 한자 공부는 한자 자체를 외워 쓰는 것이라 생각하는 사람이 많은데 이제는 인터넷과 사전이 발달되어 있기에 굳이 아이들이 한자를 모두 외워서 쓸 필요가 없습니다. 그보다는 한자어를 보고 그 의미를 파악하는 역량이 중요합니다. 그 역량은 아이들이 책을 읽을 때도, 학습할 때도 아주 큰 힘이 되어 줄 것입니다. 그런 점에서 이 책은 아이들이 한자어 학습을 쉽게, 동시에 '본질적인' 목적에 맞게 해나갈 수 있도록 도와주고 있습니다. 더불어 그 누구보다 아이들의 문해력과 어휘력 향상에 진심인 콩나물쌤과 함께 우리 학생들이 학습의 본질에 한 걸음 더 다가설 수 있길 바랍니다.

조승우(스몰빅클래스 대표)

영어를 가르치는 사람이지만 대학 때 국어교육도 같이 전공했습니다. 당시 한국 사람이기 때문에 국어가 더 쉬울 거라는 생각이 있었는데, 그것이 얼마나 편협한 생각인지 깨닫는 데는 한 달도 걸리지 않았습니다. 우리말 속의 한자어를 잘 몰랐기에, 열심히 글을 읽고도 내용이 이해가 되지 않아 많은 시간을 고생했기 때문입니다. 만약 내가 초등학교, 중학교 때 한자어로 된 어휘를 틈틈이 익혀 왔다면 그 힘든 시간을 좀 더 효율적으로 보내지 않았을까 하고 생각한 적도 있었습니다. 한국에서 살아가는 우리에게 한자어는 비단 공부와 관련된 것만은 아닙니다. 생활 속 어휘의 60% 이상은 한자어로 이루어져 있기에 결국 한자 문해력을 키우는 것은 생활의 질을 향상시키는 것이 됩니다. 똑같은 1시간을 공부하고 일해도 남들보다 3~4배 효율을 얻을 수 있다면 어떨까요? 이 책을 통해 매일매일 한자어의 의미를 추론해 보고, 글쓰기나 말할 때 한자어를 활용해 보면서, 자신의 삶을 더욱 풍성하게 만들어 보길 바랍니다.

혼공쌤 허준석(유튜브 혼공TV 운영자)

문해력을 키우는 힘

현대는 정보화 사회입니다. 세상에 존재하는 모든 것이 정보가 되며 세상 모든 곳에 정보가 있지요. 우리는 아침에 눈을 뜨는 순간부터 밤에 잠이 들 때까지 숱한 정보를 접하게 됩니다. 활용할 수 있는 정보가 이토록 넘치지만 모두가 정보를 잘 활용하는 것은 아닙니다. 정보를 읽고 이해해 나에게 필요하고 유용한가를 가려내려면 문해력이 있어야 합니다. 문해력이 부족하면 정보화 사회에 살면서도 정보를 제대로 사용할 수 없습니다. 결국 현대 사회에서 성공적으로 살아가기 힘들어요. 문해력은 21세기를 살아가는 우리 아이들이 반드시 갖추어야 할 능력입니다.

문해력은 성인이 되었을 때나 필요한 능력이 아닙니다. 문해력은 글을 읽고 이해하는 능력인 만큼 학생들에게 중요하고, 문해력에 따라 성적도 달라질 수 있습니다. 문해력은 이해력입니다. 문해력이 높은 아이들은 무엇이든지 잘 배우는 반면 낮은 아이들은 새로운 것을 잘 배우지 못합니다. 똑같은 내용을 똑같은 시간에 똑같은 선생님에게 똑같은 방법으로 배워도 아이마다 배움의 차이가 나는 이유이지요. 문해력은 공부의 도구 같은 겁니다. 날이 무뎌진 도끼로 나무를 벨 수 없듯 무딘 문해력으로는 공부를 잘 해낼 수 없습니다. 그러니 아이의 공부가 신경 쓰인다면 문해력부터 높여야 합니다.

문해력에 가장 큰 영향을 미치는 것은 어휘력입니다. 글은 어휘와 어휘가 연결되어 이루어지기 때문이에요. 모르는 어휘의 개수가 늘어나면 늘어날수록 글을 이해하기가 어렵습니다. 반대로 어휘를 많이 안다면 매우 유리하지요. 다행히 어휘의 중요성은 알지만 안타깝게도

올바른 어휘 학습법은 잘 모르는 경우가 많습니다. 대부분의 어른들이 잘못된 어휘 학습법을 아이에게 가르치고 있어요. 심지어 교육 전문가라고 이름난 분들 중에서도 잘못된 어휘 학습법을 소개하는 경우가 있어요. 그만큼 어휘를 학습하는 올바른 방법에 대한 이해가 부족한 것이 현실입니다.

흔히 쓰는 잘못된 어휘 학습법은 바로 어휘를 사전에 나온 정의대로 외우는 겁니다. 예를 들어 '협약'이라는 단어를 '협상에 의하여 조약을 맺음'이라고 사전에 나온 정의 그대로 외우는 식입니다. 이처럼 정의를 암기하면 어휘에 대한 이해가 전혀 생기지 않습니다. 어휘를 암기해서는 문해력이 늘지 않는 거예요. 어휘의 의미를 제대로 이해한 후 사용해야 진짜 어휘력과 문해력이 늘어납니다. 어휘의 의미를 제대로 이해하려면 먼저 한자를 알아야 해요. 우리말 어휘 중 무려 60%가 한자어이기 때문입니다. 이는 한자를 알면 전체 단어의 3분의 2가량을 쉽게 이해할 수 있다는 뜻입니다. 문해력에서 중요한 어휘의 3분의 2를 한자를 통해 학습할 수 있으니 한자어 학습은 문해력을 높이는 핵심이라고 해도 과언이 아니에요.

이 책은 문해력 전문가인 제가 저희 집 아이들을 가르치기 위해 정리한 내용으로 만들었습니다. 기존의 한자어 교재를 사용하려니 아쉬운 점이 있었기 때문입니다. 시중에 나와 있는 한자 교재는 크게 두 유형으로 나뉩니다. 한자에 초점이 맞춰진 경우와 어휘에 초점이 맞춰진 경우예요. 첫 번째 유형의 경우, 한자 자격증 취득에는 도움이 되겠지만 문해력 발달을 기대하기에는 무리가 있었습니다. 두 번째 유형의 경우 어휘 학습에 초점을 맞추고는 있지만 어휘의 실제적 학습과 사용을 위해 꼭 필요한 요소들이 빠져 있었습니다. 어휘력 발달에 나름 효과가 있겠지만 최고의 효과를 내기에는 아쉬워 보였어요.

그래서 이 책을 쓰게 되었습니다. 이 책은 기존 한자어 교재의 두 가지 문제점을 보완했습니다. 우선 한자 자체보다 어휘력에 초점을 맞추었습니다. 한자를 익히는 것이 아닌 문해력을 키우는 것이 목적이니까요. 또 어휘를 깊고 제대로 이해할 수 있도록 최신 어휘 교육 이론을 따랐습니다. 여기에 초등학교에서 20년간 아이들을 가르치며 이론을 실제로 적용해 본 경험을 고스란히 녹였습니다. 이 책이 어떤 점에서 특별한지, 실제로 어떻게 사용해야 하는지는 바로 다음 내용에 자세히 담았습니다. 교육적 효과를 극대화하기 위해서는 어휘 학습의 원리와 이 책의 활용법을 이해하는 것이 정말 중요합니다. 그러니 다음 내용도 꼭 정독해 주세요.

이 책의 시리즈를 꾸준히 학습하면 다음과 같은 효과를 볼 수 있어요.

✔ 다양한 어휘를 알게 됩니다.
✔ 단어의 뜻을 깊이 이해하게 됩니다.
✔ 모르는 단어의 뜻을 스스로 유추하게 됩니다.
✔ 실제 문장에서 단어를 사용할 수 있게 됩니다.

이 책의 시리즈를 공부하고 나면 어휘를 학습하는 힘이 길러집니다. 이는 단순히 어휘를 몇 개 배우는 것보다 훨씬 중요한 일입니다. 앞으로 수업, 책, TV, 유튜브에서 새로운 단어를 만날 때마다 쉽게 익힐 수 있게 되니까요. 어휘를 습득할 수 있는 힘을 갖추고 나면 수업도 독서도 훨씬 쉬워지고 재미있어질 겁니다. 들으면 이해가 되니까 성적도 자연스럽게 오를 거고요. 《콩나물쌤의 문해력 꽉 잡는 한자어 수업》 시리즈를 통해 여러분 자녀의 문해력을 쑥쑥 키워 주시기 바랍니다.

★〈콩나물쌤의 문해력 꽉 잡는 한자어 수업〉은 책마다 주제가 달라요.

5권의 주제는 '위치'입니다. 5권에서는 위치와 관련된 한자가 나옵니다. 동, 서, 남, 북, 전, 후, 좌, 우 등이 있지요. 그리고 이 한자에서 파생되어 나온 한자어를 배우게 됩니다. 5권을 공부하고 나면 위치와 관련된 많은 한자와 한자어를 익힐 수 있을 겁니다.

어휘력을 키우는
어휘 학습 원리와 이 책의 활용법

콩나물쌤의 강의를 먼저 듣고 공부를 시작하면 이해가 쏙쏙!

QR 코드를 스캔하면 강의 영상을 볼 수 있어요.

어휘력을 높이기 위해서는 먼저 어떻게 어휘를 학습하느냐가 중요합니다. 잘못된 방법으로 학습하면 힘만 들 뿐 실력은 크게 늘지 않습니다. 지금부터 효과를 극대화할 수 있는 올바른 한자어 학습 방법을 알려드릴게요. 그리고 이것이 이 책의 구성과 어떻게 연결되어 있는지도 소개하겠습니다. 이 부분을 잘 읽고 학습할 때 적용해 보세요.

어휘 학습 원리 1단계: 어휘를 짐작해 보세요!

새로운 어휘를 처음 만나면 우선 그 뜻을 짐작해 보는 것이 중요해요. 성인은 평균 약 2~3만 개의 어휘를 아는데 이 중 학습을 통해서 알게 되는 어휘는 20% 내외라고 합니다. 대부분의 어휘는 생활 속에서 우연히 알게 돼요. 대화를 하다가 방송을 보다가 책을 읽다가 알게 되지요. 그런데 이럴 때마다 사전을 찾을 수는 없겠지요. 귀찮기도 하고 대화의 흐름이 끊기기 때문이에요. 그래서 모르는 단어를 만나면 먼저 추측을 해야 해요. 무슨 뜻인지 짐작해 보는 겁니다. 그렇게 해야 흐름을 깨지 않고 계속해서 새로운 단어를 배울 수 있습니다. 이 원리에 따라서 다음처럼 첫 번째 페이지를 학습하세요.

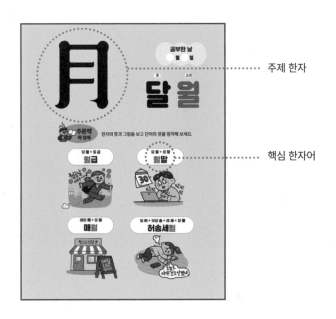

주제 한자

핵심 한자어

첫 페이지에는 우선 주제 한자가 제시됩니다. 오늘은 달 월(月)을 배울 차례군요. 달 월을 세 번 정도 소리 내어 읽어 보세요. 한자는 써 보아도 좋지만 쓰지 않아도 무방합니다. 한자를 배우려는 게 아니니까요. 그 아래 달 월을 사용한 한자어 4개가 나옵니다. 이곳을 학습할 때가 정말 중요합니다. 많은 아이들이 대충 읽고 빨리 넘어가려 할 텐데 그래서는 곤란합니다. 여기서는 한자어를 이루는 한자의 뜻에 주목해야 합니다. '월말'을 볼까요? 월말은 '달 월 + 끝 말'로 이루어져 있어요. 이것을 보고 월말이 무슨 뜻일지 짐작해 봅니다. '한 달의 끝' 정도로 짐작할 수 있겠지요.

짐작이 맞고 틀리는 건 크게 중요하지 않아요. 짐작하면서 뜻을 생각해 보는 경험이 중요해요. 이 책 한 권에는 30개의 주제 한자와 120개의 핵심 한자어가 나와요. 이 120개의 핵심 한자어의 뜻을 짐작하다 보면 아이는 많은 것을 얻게 됩니다. 우선 한자어를 더 잘 이해하게 되지요. '월말'의 정의를 그냥 읽었을 때보다 뜻을 짐작해 본 후 읽으면 더 깊게 이해하게 됩니다. 뜻을 짐작하다 보면 달 월뿐 아니라 끝 말도 익히게 되지요. 마지막으로 단어의 뜻을 유추하는 힘이 커져요. 사실 이것이 가장 중요합니다. 이 책에서 120개, 이 책의 시리즈를 통해 수백 개의 한자어 뜻을 꾸준히 짐작해 보세요. 한자어가 구성되는 원리와 뜻을 짐작하는 방법을 익히게 됩니다. 그러면 앞으로 만나게 될 수천, 수만 개의 새로운 어휘를 학습하는 데 큰 힘이 될 거예요.

✏️ 어휘 학습 원리 2단계: 예문을 통해 어휘를 이해해 보세요!

어휘에는 숨겨진 면이 많아서 정의만 봐서는 제대로 이해할 수 없습니다. 홀로 있는 단어의 정의만 따로 외워서는 배워도 배운 게 아닙니다. 문장과 떨어져 혼자 있는 단어는 생명력이 없어요. 단어는 반드시 문장 속에서 익혀야 해요. 다시 말해 어휘가 사용된 표현을 자세히 살펴봐야 한다는 뜻입니다. 문장 속에 자연스럽게 녹아든 어휘를 보면서 실제로 어떤 뜻으로 쓰였는지 생각해 보세요.

두 번째 페이지에서는 앞에서 짐작해 본 4개의 단어에 대해 조금 더 자세히 살펴봅니다. 우선 뜻이 나와 있습니다. 스스로 짐작한 뜻과 책에서 제시한 뜻을 비교해 보세요. 달 월, 끝 말이라는 두 한자가 만나 월말이라는 한자어가 되었을 때 어떤 뜻이 되는지 생각해 봅니다. 단지 뜻을 확인하는 게 중요한 것이 아니라 어떻게 이런 뜻이 되는지 이해하려고 생각해 보는 게 중요합니다. 바로 아래에는 단어가 사용된 표현이 2개씩 나옵니다. 이 예문을 소리 내어 읽어 보세요. 단어가 실제로 어떻게 사용되는지 느껴 봅니다.

어휘를 짐작하고 문장 속에서 이해했다면 다음으로 직접 사용해 보아야 합니다. 단어가 사용된 문장을 보는 것을 넘어 내가 직접 말하거나 쓰면서 사용하는 겁니다. 직접 단어를 사용해 보면 단어가 더 잘 기억납니다. 똑같은 말이라도 다른 사람이 한 말보다 내가 한 말을 더 잘 기억하기 때문입니다. 또 단어 사용이 좀 더 정확해집니다. 외국인이나 아이들은 단어를 좀 이상하게 사용하는 경우가 많아요. 단어는 알지만 실제로 어떻게 사용해야 하는지 잘 모르기 때문입니다. 이런 문제를 개선하려면 단어를 많이 사용하면서 틀리고 수정하는 과정을 거쳐야 합니다. 일단 사용하고 틀린 후 고쳐 나가야 하니 틀리는 것에 연연하면 안 됩니다.

세 번째 페이지에서는 글쓰기를 합니다. 앞에서 배운 4개의 단어를 이용해 나만의 글쓰기를 해 보세요. 아이들의 수준을 고려해 문장의 일부를 제시하고 이어 쓰도록 하였습니다. 우선은 빈칸을 채워 봅니다. 혹시 가능하다면 완전히 새로운 문장을 써 보세요. 제시된 글쓰기 아래에 한 줄 정도 공간이 있으니 여기에 써 보면 됩니다. 다시 강조하지만 틀리는 건 좋은 일입니다. 실수하고 틀리면서 배우니까요. 아이가 틀렸을 때 틀렸다고 혼내지 말고 '잘못된 방식을 하나 발견했구나' 하고 생각하세요. 부드러운 분위기에서 웃으면서 올바른 방식을 알려주세요.

어휘 학습 원리 4단계: 어휘에 관심을 가져 보세요!

어휘력이 풍부한 사람은 예외 없이 단어에 관심이 많아요. 생소한 단어를 만나면 찾아보고 그 활용에 대해 생각해 보지요. 풍부한 어휘력을 갖추려면 평소 어휘에 관심을 갖는 것이 중요합니다. 말놀이처럼 재미있는 방식으로 아이가 어휘에 관심을 가지도록 해 보세요. 또 유사한 어휘를 구분해 보는 것도 좋아요.

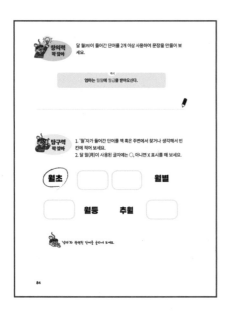

네 번째 페이지의 시작은 '창의력 꽉 잡아'입니다. 여기서는 핵심 한자어를 2개 이상 사용하여 한 문장으로 글을 씁니다. 달 월에서 배운 주제 단어는 월급, 월말, 매월, 허송세월입니다. 이 중 2개를 한 문장 안에서 사용하는 거예요. '창의력 꽉 잡아'는 말놀이와 글쓰기를 결합한 활동이에요. 어휘를 재미있게 사용하면서 어휘력과 어휘에 대한 관심을 동시에 높여 줍니다. 두 단어를 한 문장 안에서 연결해 사용하라는 제한이 아이의 창의력을 높여 주지요.

'탐구력 꽉 잡아'에서는 배우지 않은 새로운 단어를 탐색해 봅니다. 이번 주제 한자는 月(달월)이잖아요? 그래서 달 월이 들어간 단어 2개, 달 월이 아닌 다른 뜻의 '월'이 들어간 단어 2개, 그리고 빈칸 4개를 제시했어요. 우선 제시된 4개의 단어에서 달 월이 사용된 단어와 그렇지 않은 단어를 구분해 보세요. 이를 통해 '월'이라고 해서 모두 '달 월'의 뜻으로 쓰인 게 아니라 또 다른 뜻의 월이 있다는 걸 알게 됩니다. 이후에는 월이 들어간 4개의 새로운 단어를 찾아보세요. 사전을 찾아볼 수도 있고 가족과 함께 찾아보아도 좋아요. 책을 읽거나 길을 걷다가 간판에서 찾게 될 수도 있지요. 모두 제시하지 않고 빈칸으로 남겨둔 것은 단어에 관심을 갖도록 하기 위해서입니다. 일상생활에서 이렇게 단어를 찾다 보면 '단어 의식word consciousness'이 높아져요. 단어 의식이 높아지면 어휘를 학습하지 않는 일상의 모든 순간에도 어휘력이 계속해서 성장할 수 있습니다.

차례

1주 차

方

뜻   소리
모 방

추론력
꽉 잡아

한자의 뜻과 그림을 보고 단어의 뜻을 짐작해 보세요.

가까울 근 + 모 방
근방

앞 전 + 모 방
전방

전방   주시

땅 지 + 모 방
지방

지방출장
다녀올게요.

하늘 천 + 모 방 + 땅 지 + 굴대 축
천방지축

★ '모'는 물건 가장자리의 튀어나온 귀퉁이로 '방향, 곳, 쪽' 등을 의미합니다.

 모 방(方)이 숨어 있는 단어를 알아봅시다.

근방
가까울 근 + 모 방

뜻
가까운 곳

표현1 이 근방에는 초등학교가 없다.

표현2 초등학교 근방에서는 서행해야 한다.

전방
앞 전 + 모 방

뜻
앞쪽

표현1 전방에 과속 방지 턱이 있습니다.

표현2 전방 30m 앞에 적군이 나타났다.

 서행은 차가 '천천히 간다'는 뜻입니다.

지방
땅 지 + 모 방

뜻
어느 곳의 땅
서울, 경기 이외 지역

표현1 그는 지방에서 태어나고 자랐다.

표현2 지방에서 학교를 졸업하고 서울로 왔다.

천방지축
하늘 천 + 모 방 + 땅 지 + 굴대 축

뜻
하늘 방향과 땅의 축을 모름
못난 사람이 덤벙이는 모양

표현1 아이는 천방지축으로 까불고 있었다.

표현2 비록 천방지축이지만 밉지 않은 녀석이다.

모 방(方)를 넣어 한 문장 글쓰기를 해 보세요.

근방 가까운 곳

이 근방에서

전방 앞쪽

전방

지방 서울, 경기 이외 지역

지방에는

천방지축 못난 사람이 덤벙이는 모양

천방지축으로 까불다 결국

창의력 꽉 잡아

모 방(方)이 들어간 단어를 2개 이상 사용하여 문장을 써 보세요.

예시

근방에 적이 있을 수 있으니 전방을 잘 살펴야 한다.

탐구력 꽉 잡아

1. 단어에 '방'이 들어간 경우를 책 혹은 주변에서 찾아 빈칸에 써 보세요.
2. 모 방(方)이 사용된 단어에는 ○, 아니면 X를 표시해 보세요.

방면
(어떤 장소나 분야)

방목
(가축을 놓아 기름)

방언
(지방에서 쓰는 표준어 아닌 말)

방심
(마음을 놓아 버림)

'놓아 버림'과 관련된 단어를 골라내 보세요.

뜻   소리
동쪽 동

 추론력 꽉 잡아

한자의 뜻과 그림을 보고 단어의 뜻을 짐작해 보세요.

동쪽 동 + 북쪽 북
동북

동쪽 동 + 큰바다 양
동양

동쪽 동 + 바다 해
동해

동쪽 동 + 물을 문 + 서쪽 서 + 대답 답
동문서답

★ 원래는 '동녘 동'으로 읽으나 이해를 돕기 위해 '동쪽 동'으로 표기했습니다.

동쪽 동(東)이 숨어 있는 단어를 알아봅시다.

동북
동쪽 동 + 북쪽 북

 뜻

동쪽과 북쪽

표현 1 우리나라 동북쪽에는 강원도가 있다.

표현 2 동북아시아에는 한국, 중국, 일본이 있다.

동양
동쪽 동 + 큰바다 양

 뜻

유럽을 중심으로 봤을 때 동쪽 지역

표현 1 우리나라는 동양 국가이다.

표현 2 동양 사람들은 인사를 할 때 허리를 숙인다.

 동북은 동쪽과 북쪽 사이를 뜻하기도 합니다.

동해
동쪽 동 + 바다 해

 뜻

동쪽에 있는 바다

표현 1 우리 땅 독도는 동해에 있다.

표현 2 동해로 새해 일출을 보러 갔다.

동문서답
동쪽 동 + 물을 문 + 서쪽 서 + 대답 답

 뜻

동쪽을 묻는데 서쪽을 대답한다.
묻는 말에 맞지 않는 엉뚱한 대답

표현 1 내 동생은 늘 동문서답한다.

표현 2 그는 일부러 동문서답하며 모른 체했다.

동쪽 동(東)을 넣어 한 문장 글쓰기를 해 보세요.

동북 동쪽과 북쪽

동북쪽으로

동양 유럽을 중심으로 봤을 때 동쪽 지역

동양에서는

동해 동쪽에 있는 바다

내년에는

동문서답 묻는 말에 맞지 않는 엉뚱한 대답

자꾸

창의력 꽉 잡아 동쪽 동(東)이 들어간 단어를 2개 이상 사용하여 문장을 써 보세요.

예시

동양의 반대말을 물었는데 왜 동문서답하고 있니?

탐구력 꽉 잡아

1. 단어에 '동'이 들어간 경우를 책 혹은 주변에서 찾아 빈칸에 써 보세요.
2. 동쪽 동(東)이 사용된 단어에는 ○, 아니면 X를 표시해 보세요.

동문
(동쪽에 있는 문)

가동
(기계를 움직여 일하게 함)

동력
(움직이게 하는 힘)

극동
(동쪽의 맨 끝)

'움직임'과 관련된 단어를 골라내 보세요.

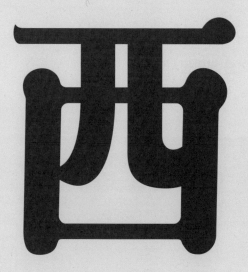

西

뜻 소리
서쪽 서

 추론력 꽉 잡아

한자의 뜻과 그림을 보고 단어의 뜻을 짐작해 보세요.

서쪽 서 + 나눌 부
서부

서쪽 서 + 바람 풍
서풍

서쪽 서 + 향할 향
서향

동쪽 동 + 서쪽 서 + 옛 고 + 이제 금
동서고금

★ 원래는 '서녘 서'로 읽으나 이해를 돕기 위해 '서쪽 서'로 표기했습니다.

 서쪽 서(西)가 숨어 있는 단어를 알아봅시다.

서부
서쪽 서 + 나눌 부

뜻
어떤 지역의 서쪽 부분

표현1 전라도 서부 지역에 약간의 눈이 내렸다.

표현2 우리는 제주도 서부를 여행했다.

서풍
서쪽 서 + 바람 풍

뜻
서쪽에서 불어오는 바람

표현1 저녁이 되자 서풍이 불어오기 시작했다.

표현2 서풍을 타고 바다 냄새가 흘러들어왔다.

서향
서쪽 서 + 향할 향

뜻
서쪽을 향함
서쪽 방향

표현1 내 방은 서향이라 해가 오후에 잘 들어온다.

표현2 조각상은 서향으로 누워 있었다.

동서고금
동쪽 동 + 서쪽 서 + 옛 고 + 이제 금

뜻
동양과 서양, 그리고 옛날과 오늘
언제, 어디서나

표현1 인사는 동서고금을 막론하고 중요하다.

표현2 이런 일은 동서고금 어디에도 없었다.

 막론하다는 '따지지 않고'라는 뜻입니다.

 글쓰기 꽉 잡아

서쪽 서(西)를 넣어 한 문장 글쓰기를 해 보세요.

서부 어떤 지역의 서쪽 부분

우리나라 서부에는

서풍 서쪽에서 불어오는 바람

서풍이 불면

서향 서쪽 방향

서향으로

동서고금 언제, 어디서나

나는

 **창의력 꽉 잡아** 서쪽 서(西)가 들어간 단어를 2개 이상 사용하여 문장을 써 보세요.

예시

서향으로 난 창문을 열면 서부 지역이 보인다.

_____

 **탐구력 꽉 잡아**
1. 단어에 '서'가 들어간 경우를 책 혹은 주변에서 찾아 빈칸에 써 보세요.
2. 서쪽 서(西)가 사용된 단어에는 ○, 아니면 X를 표시해 보세요.

남서
(남쪽과 서쪽)

서독
(독일의 서쪽에 있던 지역)

서당
(옛날에 글을 가르치던 곳)

서점
(책을 파는 가게)

 '글'과 관련된 단어를 골라내 보세요.

南

뜻 소리
남쪽 남

추론력 꽉 잡아

한자의 뜻과 그림을 보고 단어의 뜻을 짐작해 보세요.

남쪽 남 + 끝 극
남극

남쪽 남 + 산 산
남산

남쪽 남 + 한국 한
남한

동쪽 동 + 남쪽 남 + Asia
동남아시아

★ 원래는 '남녘 남'으로 읽으나 이해를 돕기 위해 '남쪽 남'으로 표기했습니다.

남쪽 남(南)이 숨어 있는 단어를 알아봅시다.

남극
남쪽 남 + 끝 극

 뜻

지구 남쪽 끝

표현 1 남극에는 펭귄이 살고 있다.

표현 2 아문센은 최초로 남극을 정복했다.

남산
남쪽 남 + 산 산

 뜻

남쪽에 있는 산
서울 중구에 있는 산

표현 1 남산은 경복궁의 남쪽에 있어서 남산으로 불린다.

표현 2 남산에는 N타워가 있다.

남한
남쪽 남 + 한국 한

 뜻

분단된 한반도의 남쪽 지역

표현 1 우리나라는 남한과 북한으로 나뉘었다.

표현 2 남한은 북한보다 매우 잘산다.

동남아시아
동쪽 동 + 남쪽 남 + Asia

 뜻

아시아 대륙의 동남부 지역

표현 1 동남아시아에는 태국, 베트남, 필리핀 등이 있다.

표현 2 동남아시아로 가족 여행을 다녀왔다.

 아시아는 지구를 이루는 여섯 개 대륙 중 하나입니다.

 **글쓰기 꽉 잡아** 남쪽 남(南)을 넣어 한 문장 글쓰기를 해 보세요.

남극 지구 남쪽 끝

남극에 간다면

남산 서울 중구에 있는 산

봄이 오면

남한 분단된 한반도의 남쪽 지역

남한에는

동남아시아 아시아 대륙의 동남부 지역

아빠는

 **창의력 꽉 잡아** 남쪽 남(南)이 들어간 단어를 2개 이상 사용하여 문장을 써 보세요.

예시

> 동남아시아와 남극은 기후가 정반대다.

 **탐구력 꽉 잡아**
1. 단어에 '남'이 들어간 경우를 책 혹은 주변에서 찾아 빈칸에 써 보세요.
2. 남쪽 남(南)이 사용된 단어에는 ○, 아니면 X를 표시해 보세요.

 **남향** (남쪽 방향)

□

□

남대문 (경복궁 남쪽에 있는 큰 문)

□

남아  (남자아이)

득남  (아들을 낳아 얻음)

□

 '남자'와 관련된 단어를 골라내 보세요.

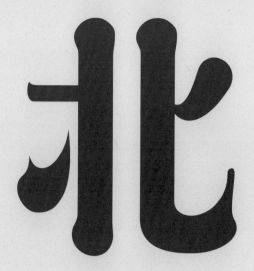

北

뜻   소리
북쪽 북

 추론력 꽉 잡아   한자의 뜻과 그림을 보고 단어의 뜻을 짐작해 보세요.

북쪽 북 + 끝 극
북극

북쪽 북 + 아름다울 미
북미

북쪽 북 + 위 상
북상

북쪽으로 가야지!

북쪽 북 + 바람 풍 + 찰 한 + 눈 설
북풍한설

추워

★ 원래는 '북녘 북'으로 읽으나 이해를 돕기 위해 '북쪽 북'으로 표기했습니다.

북쪽 북(北)이 숨어 있는 단어를 알아봅시다.

북극
북쪽 북 + 끝 극

뜻

지구 북쪽 끝

표현1 지구 온난화로 북극의 빙하가 녹고 있다.

표현2 북극에는 에스키모인이 살고 있다.

북미
북쪽 북 + 아름다울 미

뜻

미대륙의 북쪽 부분

표현1 미대륙은 북미, 중미, 남미로 나누어진다.

표현2 북미에는 미국과 캐나다가 있다.

'아름답다'는 뜻과 상관없이 '미'라는 소리 때문에 사용되었습니다.

북상
북쪽 북 + 위 상

뜻

북쪽으로 올라감

표현1 태풍이 북상하고 있어 주의가 요구된다.

표현2 장마 전선이 점차 북상하고 있습니다.

북풍한설
북쪽 북 + 바람 풍 + 찰 한 + 눈 설

뜻

북쪽에서 불어오는 바람과 차가운 눈

표현1 동물들은 북풍한설을 어떻게 이겨낼까?

표현2 이번 주 강력한 북풍한설이 예상됩니다.

 북쪽 북(北)을 넣어 한 문장 글쓰기를 해 보세요.

북극 지구 북쪽 끝

북극에 간다면

북미 미대륙의 북쪽 부분

북미로 여행을 간다면

북상 북쪽으로 올라감

태풍이 북상하면

북풍한설 북쪽에서 불어오는 바람과 차가운 눈

북풍한설 속에서

창의력 꽉 잡아

북쪽 북(北)이 들어간 단어를 2개 이상 사용하여 문장을 써 보세요.

예시

북극에서 바람이 불어와 북풍한설이 더욱 심해졌다.

탐구력 꽉 잡아

1. 단어에 '북'이 들어간 경우를 책 혹은 주변에서 찾아 빈칸에 써 보세요.
2. 북쪽 북(北)이 사용된 단어에는 ○, 아니면 X를 표시해 보세요.

대북
(북한을 상대함)

북소리
(북을 칠 때 나는 소리)

북풍
(북쪽에서 불어오는 바람)

북장단
(북소리의 장단)

'악기'와 관련된 단어를 골라내 보세요.

1주차 복습

콩나물쌤의 강의를 먼저 듣고 공부를 시작하면 이해가 쏙쏙!

QR 코드를 스캔하면 강의 영상을 볼 수 있어요.

1. 왼쪽 어휘를 보고 그 뜻으로 알맞은 것을 골라 선으로 연결하세요.

근방 ●   ● 유럽을 중심으로 봤을 때
                               동쪽 지역

동남아시아 ●   ● 아시아 대륙의 동남부 지역

동양 ●   ● 가까운 곳

북극 ●   ● 지구 북쪽 끝

서향 ●   ● 서쪽 방향

2. 다음 뜻을 가진 어휘를 쓰세요.

미대륙의 북쪽 부분	앞쪽	동쪽에 있는 바다	언제, 어디서나	지구 남쪽 끝
⬇	⬇	⬇	⬇	⬇

3. 보기에서 알맞은 한자어를 골라 각 뜻을 나타내는 어휘를 만들어 보세요.

> **보기**
>
> 서쪽 **서**, 모 **방**, 북쪽 **북**, 남쪽 **남**, 동쪽 **동**

1) 남쪽에 있는 산 ➡ [   ] + 산 **산**

2) 북쪽으로 올라감 ➡ [   ] + 위 **상**

3) 서울 이외 지역 ➡ 땅 **지** + [   ]

4) 묻는 말에 맞지 않는 엉뚱한 대답 ➡ [   ] + 물을 **문** + 서쪽 **서** + 대답 **답**

5) 어떤 지역의 서쪽 부분 ➡ [   ] + 나눌 **부**

4. 다음 어휘를 이용해 한 문장 글쓰기를 해 보세요.

서풍

➡ _____

남한

➡ _____

북풍한설

➡ _____

천방지축

➡ _____

동북

➡ _____

2주차

前

뜻 소리
앞 전

추론력 꽉 잡아
한자의 뜻과 그림을 보고 단어의 뜻을 짐작해 보세요.

앞 전 + 해 년
전년

앞 전 + 반 반
전반

앞 전 + 나아갈 진
전진

문 문 + 앞 전 + 엷을 박 + 대할 대
문전박대

앞 전(前)이 숨어 있는 단어를 알아봅시다.

전년
앞 전 + 해 년

뜻

올해 바로 앞의 해
작년

표현1 전년에 비해 키가 많이 컸다.

표현2 전년에 비해 물건 가격이 많이 올랐다.

전반
앞 전 + 반 반

뜻

전체를 반으로 나누었을 때 앞쪽 반

표현1 한국이 전반에만 세 골을 넣었다.

표현2 지금은 21세기 전반이다.

21세기는 2001년부터 2100년까지를 말합니다.

전진
앞 전 + 나아갈 진

뜻

앞으로 나아감

표현1 적군이 전진해 오고 있습니다.

표현2 승리를 위해 한 걸음 더 전진하자.

문전박대
문 문 + 앞 전 + 엷을 박 + 대할 대

뜻

문 앞에서 박하게 대접함
사람을 인정 없이 모질게 대함

표현1 그는 문전박대를 당하고 쫓겨났다.

표현2 문전박대를 당하자 그는 매우 화를 냈다.

앞 전(前)을 넣어 한 문장 글쓰기를 해 보세요.

전년 ^{작년}

전년에 비해

전반 ^{전체를 반으로 나누었을 때 앞쪽 반}

전반전이 끝나자

전진 ^{앞으로 나아감}

주사위를 굴려

문전박대 ^{사람을 인정 없이 모질게 대함}

만약

앞 전(前)이 들어간 단어를 2개 이상 사용하여 문장을 써 보세요.

예시

전년과 같이 크게 전진할 수 있도록 노력합시다.

탐구력
꽉 잡아

1. 단어에 '전'이 들어간 경우를 책 혹은 주변에서 찾아 빈칸에 써 보세요.
2. 앞 전(前)이 사용된 단어에는 ○, 아니면 X를 표시해 보세요.

식전
(밥을 먹기 전)

전경
(전체의 경치)

전력
(모든 힘)

전방
(앞쪽)

'전체', '모두'와 관련된 단어를 골라내 보세요.

46

뜻 소리
뒤 후

한자의 뜻과 그림을 보고 단어의 뜻을 짐작해 보세요.

뒤 후 + 기록할 기
후기

뒤 후 + 문 문
후문

먹을 식 + 뒤 후
식후

앞 전 + 없을 무 + 뒤 후 + 없을 무
전무후무

뒤 후(後)가 숨어 있는 단어를 알아봅시다.

후기
뒤 후 + 기록할 기

뜻

뒤에 기록함

표현 1 엄마는 인터넷 후기를 확인하고 옷을 샀다.

표현 2 후기는 정직하게 남겨야 한다.

후문
뒤 후 + 문 문

뜻

뒤로 난 문

표현 1 학교 후문으로 나가면 떡볶이집이 있다.

표현 2 아파트 후문 앞에서 기다릴게.

식후
먹을 식 + 뒤 후

뜻

밥을 먹은 뒤

표현 1 식후에 바로 누우면 체하기 쉽다.

표현 2 약은 식후 30분 안에 드세요.

전무후무
앞 전 + 없을 무 + 뒤 후 + 없을 무

뜻

앞에도 없고 뒤로도 없음
이전에도 없었고 앞으로도 없음

표현 1 그는 올림픽에서 전무후무한 기록을 세웠다.

표현 2 중국의 만리장성은 전무후무할 정도로 길다.

만리장성은 일만 리에 걸쳐 이어져 있다는 세계에서 가장 긴 성벽입니다.

뒤 후(後)를 넣어 한 문장 글쓰기를 해 보세요.

후기 ^{뒤에 기록함}

후기를 쓸 때는

후문 ^{뒤로 난 문}

어제

식후 ^{밥을 먹은 뒤}

엄마는 식후에

전무후무 ^{이전에도 없었고 앞으로도 없음}

만약 내가

창의력 꽉 잡아 뒤 후(後)가 들어간 단어를 2개 이상 사용하여 문장을 써 보세요.

예시

후기를 남기시면 식후에 드실 수 있는 디저트를 드립니다.

탐구력 꽉 잡아

1. 단어에 '후'가 들어간 경우를 책 혹은 주변에서 찾아 빈칸에 써 보세요.
2. 뒤 후(後)가 사용된 단어에는 ◯, 아니면 X를 표시해 보세요.

노후
(늙은 뒤)

최후
(맨 마지막)

후사
(후하게 사례함)

농후
(맛, 빛깔 등이
짙고 두꺼움)

 '두러움' 혹은 '많음'과 관련된 단어를 골라내 보세요.

50

左

뜻 **소리**
왼쪽 좌

 **추론력 꽉 잡아** 한자의 뜻과 그림을 보고 단어의 뜻을 짐작해 보세요.

왼쪽 좌 + 곁 측
좌측

왼쪽 좌 + 옮길 천
좌천

왼쪽 좌 + 돌 회 + 구를 전
좌회전

왼쪽 좌 + 갈 지 + 오른쪽 우 + 갈 지
좌지우지

★ 원래는 '왼 좌'로 읽으나 이해를 돕기 위해 '왼쪽 좌'로 표기했습니다.

왼쪽 좌(左)가 숨어 있는 단어를 알아봅시다.

좌측

왼쪽 좌 + 곁 측

뜻

왼쪽 곁
왼쪽

표현 1   복도에서는 좌측으로 이동하세요.

표현 2   약국은 병원 좌측에 있습니다.

좌천

왼쪽 좌 + 옮길 천

뜻

왼쪽으로 옮김
관직이 높은 자리에서 낮은 자리로 낮아짐

표현 1   임금에게 미움을 사 결국 좌천되고 말았다.

표현 2   그는 시골 마을로 좌천되어 내려갔다.

 옛날 중국에서는 오른쪽은 높고 왼쪽을 낮다고 생각했었습니다.

좌회전

왼쪽 좌 + 돌 회 + 구를 전

뜻

차 따위가 왼쪽으로 돎

표현 1   500m 앞에서 좌회전하세요.

표현 2   좌회전하던 차량과 사고가 났다.

좌지우지

왼쪽 좌 + 갈 지 + 오른쪽 우 + 갈 지

뜻

왼쪽으로 갔다 오른쪽으로 갔다 함
이리저리 마음대로 다룸

표현 1   임금이 나라를 좌지우지하고 있었다.

표현 2   반 전체가 몇몇 아이 때문에 좌지우지되어서는 안 된다.

 **글쓰기 꽉 잡아** 왼쪽 좌(左)를 넣어 한 문장 글쓰기를 해 보세요.

좌측 ^{왼쪽}

여러분의 좌측에는

좌천 ^{관직이 높은 자리에서 낮은 자리로 낮아짐}

좌천되었지만

좌회전 ^{차 따위가 왼쪽으로 돎}

사거리에서

좌지우지 ^{이리저리 마음대로 다룸}

마을을 좌지우지하던

창의력 꽉 잡아

왼쪽 좌(左)가 들어간 단어를 2개 이상 사용하여 문장을 써 보세요.

예시

좌회전을 하던 중 좌측에서 오던 킥보드를 치고 말았다.

탐구력 꽉 잡아

1. 단어에 '좌'가 들어간 경우를 책 혹은 주변에서 찾아 빈칸에 써 보세요.
2. 왼쪽 좌(左)가 사용된 단어에는 ○, 아니면 X를 표시해 보세요.

좌뇌
(뇌의 왼쪽 부분)

왕좌
(임금이 앉는 자리)

좌석
(앉을 수 있게 마련된
자리)

좌변
(수학 등식에서 좌측 변)

'자리'와 관련된 단어를 골라내 보세요.

右

오른쪽 우

추론력 꽉 잡아

한자의 뜻과 그림을 보고 단어의 뜻을 짐작해 보세요.

왼쪽 좌 + 오른쪽 우
좌우

오른쪽 우 + 곁 측
우측

오른쪽 우 + 골 뇌
우뇌

앞 전 + 뒤 후 + 왼쪽 좌 + 오른쪽 우
전후좌우

★ 원래는 '오른 우'로 읽으나 이해를 돕기 위해 '오른쪽 우'로 표기했습니다.

 오른쪽 우(右)가 숨어 있는 단어를 알아봅시다.

좌우
왼쪽 좌 + 오른쪽 우

뜻

왼쪽과 오른쪽

표현1 길을 건널 때는 좌우를 잘 살펴야
한다.

표현2 파도가 일자 배가 좌우로 심하게 흔
들렸다.

우측
오른쪽 우 + 곁 측

뜻

오른쪽 곁
오른쪽

표현1 우리 반 우측에는 사물함이 있다.

표현2 우측에서 갑자기 사자가 튀어나왔다.

우뇌
오른쪽 우 + 골 뇌

뜻

뇌의 오른쪽 부분

표현1 그는 우뇌가 더 발달했다.

표현2 왼손을 사용하면 우뇌 발달에 도움
이 된다.

전후좌우
앞 전 + 뒤 후 + 왼쪽 좌 + 오른쪽 우

뜻

앞, 뒤, 왼쪽, 오른쪽
사방

표현1 차가 많은 길에서는 전후좌우를 잘
살펴야 한다.

표현2 하이에나가 사슴을 전후좌우에서
둘러쌌다.

 우뇌는 몸의 왼쪽과 연결되어 있습니다.

글쓰기 꽉 잡아 오른쪽 우(右)를 넣어 한 문장 글쓰기를 해 보세요.

좌우 왼쪽과 오른쪽

우리 몸은

우측 오른쪽

차가 나타나자

우뇌 뇌의 오른쪽 부분

병원에는

전후좌우 사방

전후좌우에

창의력 꽉 잡아

오른쪽 우(右)가 들어간 단어를 2개 이상 사용하여 문장을 써 보세요.

예시

우측으로 붙어서 전후좌우를 잘 살피며 갑시다.

_____

탐구력 꽉 잡아

1. 단어에 '우'가 들어간 경우를 책 혹은 주변에서 찾아 빈칸에 써 보세요.
2. 오른쪽 우(右)가 사용된 단어에는 ○, 아니면 X를 표시해 보세요.

우변
(수학 등식에서
오른쪽 변)

우방
(좋은 관계를 맺고
있는 나라)

우정
(친구 간에 느끼는 정)

좌우지간
(이렇든 저렇든 어떻든 간에)

'친구'와 관련된 단어를 골라내 보세요.

先 먼저 선

뜻 · 소리

추론력 꽉 잡아

한자의 뜻과 그림을 보고 단어의 뜻을 짐작해 보세요.

먼저 선 + 약속 약
선약

먼저 선 + 역사 사
선사

먼저 선 + 하늘 천
선천

거느릴 솔 + 먼저 선 + 드리울 수 + 본보기 범
솔선수범

 어휘력 꽉 잡아

먼저 선(先)이 숨어 있는 단어를 알아봅시다.

선약
먼저 선 + 약속 약

 뜻

먼저 한 약속

표현1   선약이 있어서 먼저 가 보겠습니다.

표현2   친구는 선약이 있어서 함께하지 못했다.

선사
먼저 선 + 역사 사

 뜻

기록이 남아 있는 역사 시대 이전

표현1   선사 시대에는 동물을 잡고 과일을 따서 먹었다.

표현2   선사 시대는 크게 구석기와 신석기로 나누어진다.

 기록이 남아 있는 시대를 역사 시대라 하고 그 이전을 선사 시대라 합니다.

선천
먼저 선 + 하늘 천

 뜻

태어나기 전 하늘로부터 받음
태어날 때 이미 몸에 지니고 있음

표현1   그는 선천적으로 몸이 약했다.

표현2   그녀는 선천적으로 아름다운 목소리를 가졌다.

솔선수범
거느릴 솔 + 먼저 선 + 드리울 수 + 본보기 범

 뜻

앞장서서 행동해
다른 이의 본보기가 됨

표현1   어른들이 솔선수범하자 아이들이 뒤를 따랐다.

표현2   반장이 친구들에게 솔선수범해야 한다.

60

먼저 선(先)을 넣어 한 문장 글쓰기를 해 보세요.

선약 먼저 한 약속

선약을 어기면

선사 기록이 남아 있는 역사 시대 이전

선사 시대 사람들은

선천 태어날 때 이미 몸에 지니고 있음

나는

솔선수범 앞장서서 행동해 다른 이의 본보기가 됨

사고가 나자

먼저 선(先)이 들어간 단어를 2개 이상 사용하여 문장을 써 보세요.

예시

선생님이 선두에서 쓰레기를 주우며 솔선수범했다.

_____

1. 단어에 '선'이 들어간 경우를 책 혹은 주변에서 찾아 빈칸에 써 보세요.
2. 먼저 선(先)이 사용된 단어에는 ○, 아니면 X를 표시해 보세요.

선후
(먼저와 나중)

노선
(버스, 기차가 운행하는 길)

우선
(어떤 일에 앞서)

곡선
(굽은 선)

 '줄'과 관련된 단어를 골라내 보세요.

62

2주 차 복습

콩나물쌤의 강의를 먼저 듣고 공부를 시작하면 이해가 쏙쏙!

QR 코드를 스캔하면 강의 영상을 볼 수 있어요.

1. 왼쪽 어휘를 보고 그 뜻으로 알맞은 것을 골라 선으로 연결하세요.

전년 •　　　　　　　• 뒤로 난 문

전후좌우 •　　　　　　　• 먼저 한 약속

좌회전 •　　　　　　　• 앞, 뒤, 왼쪽, 오른쪽

선약 •　　　　　　　• 차 따위가 왼쪽으로 돎

후문 •　　　　　　　• 올해 바로 앞의 해

2. 다음 뜻을 가진 어휘를 쓰세요.

| 기록이 남아 있는 역사 시대 이전 | 전체를 반으로 나누었을 때 앞쪽 반 | 밥을 먹은 뒤 | 이리저리 마음대로 다룸 | 오른쪽 |

3. 보기에서 알맞은 한자어를 골라 각 뜻을 나타내는 어휘를 만들어 보세요.

보기

왼쪽 좌, 오른쪽 우, 먼저 선, 뒤 후, 앞 전

1) 왼쪽과 오른쪽 ➡ 왼쪽 **좌** + [   ]

2) 태어날 때 이미 몸에 지니고 있음 ➡ [   ] + 하늘 **천**

3) 앞으로 나아감 ➡ [   ] + 나아갈 **진**

4) 이전에도 없었고 앞으로도 없음 ➡ 앞 **전** + 없을 **무** + [   ] + 없을 **무**

5) 왼쪽 ➡ [   ] + 곁 **측**

4. 다음 어휘를 이용해 한 문장 글쓰기를 해 보세요.

좌천

➡ _____

우뇌

➡ _____

솔선수범

➡ _____

문전박대

➡ _____

후기

➡ _____

3주 차

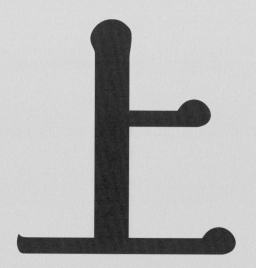

上
뜻 위 소리 상

추론력 꽉 잡아

한자의 뜻과 그림을 보고 단어의 뜻을 짐작해 보세요.

위 상 + 옷 의
상의

위 상 + 오를 승
상승

땅 지 + 위 상
지상

높을 탁 + 위 상 + 빌 공 + 논할 론
탁상공론

망했군...

위 상(上)이 숨어 있는 단어를 알아봅시다.

상의
위 상 + 옷 의

 뜻

위에 입는 옷

표현1 상의를 따뜻하게 입어야 덜 춥다.

표현2 마땅히 입을 만한 상의가 없네.

상승
위 상 + 오를 승

 뜻

위로 올라감

표현1 지구 온난화로 평균 기온이 상승하고 있다.

표현2 석유 가격이 상승해 부담이 크다.

지상
땅 지 + 위 상

 뜻

땅의 위, 이 세상

표현1 이 건물은 지상 5층입니다.

표현2 지상에서 가장 화려한 마술이 시작 됩니다.

탁상공론
높을 탁 + 위 상 + 빌 공 + 논할 론

 뜻

탁자 위에서 벌이는 빈 토론 현실성 없는 허황한 논의

표현1 사고가 났는데 탁상공론을 할 때가 아닙니다.

표현2 탁상공론으로 시간을 보내 문제가 더 심각해졌다.

 전혀 도움이 되지 않는 논의를 할 때 탁상공론을 한다고 합니다.

위 상(上)을 넣어 한 문장 글쓰기를 해 보세요.

상의 위에 입는 옷

상의를 사러

상승 위로 올라감

신분 상승을 위해

지상 땅의 위, 이 세상

지상에는

탁상공론 현실성 없는 허황한 논의

탁상공론을 하면

창의력 꽉 잡아

위 상(上)이 들어간 단어를 2개 이상 사용하여 문장을 써 보세요.

예시

지상을 떠난 비행기가 점차 상승하고 있었다.

_____

탐구력 꽉 잡아

1. 단어에 '상'이 들어간 경우를 책 혹은 주변에서 찾아 빈칸에 써 보세요.
2. 위 상(上)이 사용된 단어에는 ○, 아니면 X를 표시해 보세요.

최상
(가장 위)

상가
(가게가 들어선 거리)

상인
(장사를 하는 사람)

연상
(나이가 더 많음)

'장사'와 관련된 단어를 골라내 보세요.

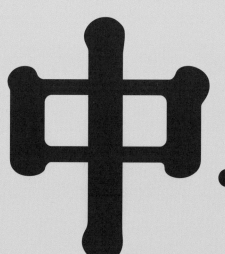

中 ^뜻가운데 ^{소리}중

 추론력 꽉 잡아

한자의 뜻과 그림을 보고 단어의 뜻을 짐작해 보세요.

가운데 중 + 끊을 단
중단

가운데 중 + 작을 소
중소

손 수 + 가운데 중
수중

일백 백 + 쏠 발 + 일백 백 + 맞을 중
백발백중

가운데 중(中)이 숨어 있는 단어를 알아봅시다.

중단
가운데 중 + 끊을 단

뜻

가운데서 끊어짐
중도에 끊어짐

표현1 태풍으로 공사가 중단되었다.

표현2 스피커가 고장 나 공연이 중단되었다.

중소
가운데 중 + 작을 소

뜻

규모가 중간 혹은 그보다 작음

표현1 작은 회사를 중소기업이라고 한다.

표현2 시골에 살다 중소 도시로 이사했다.

수중
손 수 + 가운데 중

뜻

손 안
내 힘이 미치는 범위

표현1 수중에 돈이 한 푼도 없다.

표현2 백마고지가 북한군의 수중에 넘어 갔다.

백발백중
일백 백 + 쏠 발 + 일백 백 + 맞을 중

뜻

백 번 쏴서 백 번 맞음
일이 모두 생각한 대로 다 들어맞음

표현1 그는 백발백중인 최고의 사격 선수 이다.

표현2 그녀는 하는 일마다 백발백중으로 성공했다.

물속을 뜻하는 '수중'은 '물 수 + 가운데 중' 입니다.

가운데 중(中)을 넣어 한 문장 글쓰기를 해 보세요.

중단 중도에 끊어짐

경기가 중단되자 ....

중소 규모가 중간 혹은 그보다 작음

삼촌은 ....

수중 내 힘이 미치는 범위

수중에 돈이 없어 ....

백발백중 일이 모두 생각한 대로 다 들어맞음

만약 내가 ....

창의력 꽉 잡아 가운데 중(中)이 들어간 단어를 2개 이상 사용하여 문장을 써 보세요.

예시

수중에 가진 돈이 떨어지자 여행은 중단되었다.

_____

탐구력 꽉 잡아

1. 단어에 '중'이 들어간 경우를 책 혹은 주변에서 찾아 빈칸에 써 보세요.
2. 가운데 중(中)이 사용된 단어에는 ○, 아니면 X를 표시해 보세요.

공중
(하늘의 가운데)

중식
(하루 가운데 먹는 점심밥)

경중
(가볍고 무거움)

중병
(무겁고 심한 병)

 '무거움'과 관련된 단어를 골라내 보세요.

74

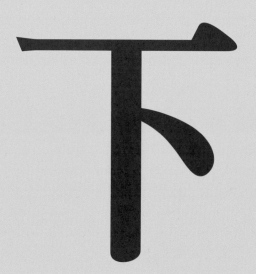

뜻 소리
아래 하

추론력 꽉 잡아

한자의 뜻과 그림을 보고 단어의 뜻을 짐작해 보세요.

아래 하 + 수레 차
하차

아래 하 + 내릴 강
하강

아래 하 + 사람 인
하인

없을 막 + 위 상 + 없을 막 + 아래 하
막상막하

아래 하(下)가 숨어 있는 단어를 알아봅시다.

하차
아래 하 + 수레 차

뜻

수레 아래로 내림
차나 기차에서 내림

표현1   이번 정거장에서 하차하십시오.

표현2   승객이 하차하던 중에 넘어졌다.

하강
아래 하 + 내릴 강

뜻

높은 곳에서 아래로 내려옴

표현1   낙하산을 타고 천천히 하강했다.

표현2   비행기는 속도를 줄이며 하강했다.

하인
아래 하 + 사람 인

뜻

아랫사람
남의 집에 매여 일을 하는 사람

표현1   옛날 부자들은 하인을 여럿 두었다.

표현2   도련님이 하인을 데리고 길을 떠났다.

막상막하
없을 막 + 위 상 + 없을 막 + 아래 하

뜻

위와 아래가 없음
더 낫고 더 못함의 차이가 거의 없음

표현1   실력이 막상막하여서 누가 이길지 알 수 없다.

표현2   막상막하로 예상했던 시합이 생각보다 쉽게 끝났다.

 옛 시대를 배경으로 한 드라마에서는 주인을 옆에서 돕는 사람인 하인이 나옵니다.

아래 하(下)를 넣어 한 문장 글쓰기를 해 보세요.

하차 차나 기차에서 내림

하차할 때는

하강 높은 곳에서 아래로 내려옴

하강 중에 그만

하인 남의 집에 매여 일을 하는 사람

손님이 오자

막상막하 더 낫고 더 못함의 차이가 거의 없음

도준이는

77

창의력 꽉 잡아 아래 하(下)가 들어간 단어를 2개 이상 사용하여 문장을 써 보세요.

예시

> 마차에서 주인이 하차하자 하인이 달려나갔다.

탐구력 꽉 잡아

1. 단어에 '하'가 들어간 경우를 책 혹은 주변에서 찾아 빈칸에 써 보세요.
2. 아래 하(下)가 사용된 단어에는 ○, 아니면 X를 표시해 보세요.

연하
(나이가 적음)

운하
(배 운항을 위해 육지에 파 놓은 강)

대하
(큰 강)

하향
(아래로 향함)

'강'과 관련된 단어를 골라내 보세요.

內

뜻 소리
안 내

추론력
꽉 잡아

한자의 뜻과 그림을 보고 단어의 뜻을 짐작해 보세요.

안 내 + 과목 과
내과

안 내 + 부분 부
내부

나라 국 + 안 내
국내

이번 휴가에는
국내 여행을 가보자!

바깥 외 + 부드러울 유 + 안 내 + 굳셀 강
외유내강

안 내(內)가 숨어 있는 단어를 알아봅시다.

내과
안 내 + 과목 과

뜻

몸속 내장을 수술 없이
치료하는 의학 분야

표현1 감기에 걸려 내과에 다녀왔다.

표현2 동네에 새로운 내과가 생겼다.

내부
안 내 + 부분 부

뜻

안쪽 부분

표현1 가게 내부를 공사하던 중이었다.

표현2 우리 내부에서 싸우는 일이 있어서
는 안 된다.

국내
나라 국 + 안 내

뜻

나라의 안

표현1 코로나가 심해 국내로 여행을 다녀
왔다.

표현2 그 약을 드디어 국내에서도 살 수
있게 되었다.

외유내강
바깥 외 + 부드러울 유 + 안 내 + 굳셀 강

뜻

겉은 부드럽지만 속은 강하고 굳셈

표현1 삼촌은 외유내강한 성격이다.

표현2 그녀는 외유내강해서 믿을 만하다.

외유내강은 칭찬의 의미로 사용됩니다.

80

안 내(內)를 넣어 한 문장 글쓰기를 해 보세요.

내과 몸속 내장을 수술 없이 치료하는 의학 분야

내과에 갔더니 ....

내부 안쪽 부분

내부를 들여다보니 ....

국내 나라의 안

국내에도 ....

외유내강 겉은 부드럽지만 속은 강하고 굳셈

외유내강하면 ....

창의력 꽉 잡아

안 내(內)가 들어간 단어를 2개 이상 사용하여 문장을 써 보세요.

예시

국내에 내과는 총 몇 개나 있을까?

_____

탐구력 꽉 잡아

1. 단어에 '내'가 들어간 경우를 책 혹은 주변에서 찾아 빈칸에 써 보세요.
2. 안 내(內)가 사용된 단어에는 ○, 아니면 X를 표시해 보세요.

교내
(학교 안)

내구
(오래 견딤)

체내
(몸의 안)

인내
(괴로움을 참고 견딤)

'견디는 것'과 관련된 단어를 골라내 보세요.

外

뜻   소리
바깥 외

추론력 꽉 잡아

한자의 뜻과 그림을 보고 단어의 뜻을 짐작해 보세요.

바깥 외 + 날 출
외출

바깥 외 + 나라 국
외국

바깥 외 + 모양 형
외형

기이할 기 + 생각 상 + 하늘 천 + 바깥 외
기상천외

 **어휘력 꽉 잡아** 바깥 외(外)가 숨어 있는 단어를 알아봅시다.

외출
바깥 외 + 날 출

 뜻

바깥으로 나감

표현1 오랜만에 외출해서 신이 났다.

표현2 어머니는 오랫동안 외출 준비를 하셨다.

외국
바깥 외 + 나라 국

 뜻

우리나라 바깥에 있는 나라
자기 나라가 아닌 다른 나라

표현1 외국으로 여행을 간다고 하니 설렌다.

표현2 외국 사람을 만나 영어로 대화했다.

외형
바깥 외 + 모양 형

 뜻

사물의 겉모양

표현1 그 가방은 외형이 아름다웠다.

표현2 너무 외형에 치중하지 말고 내면을 가꾸어야 한다.

기상천외
기이할 기 + 생각 상 + 하늘 천 + 바깥 외

 뜻

기발함이 하늘을 넘어설 정도임

표현1 그녀의 소설은 기상천외했다.

표현2 기상천외한 방법으로 문제를 해결했다.

 외형의 반대말은 내형이 아니라 내면입니다.

바깥 외(外)를 넣어 한 문장 글쓰기를 해 보세요.

외출 바깥으로 나감

외출할 때는 ┈┈┈┈┈┈┈┈┈┈┈┈┈┈┈┈┈┈┈┈┈┈┈┈

외국 자기 나라가 아닌 다른 나라

외국 여행에서 ┈┈┈┈┈┈┈┈┈┈┈┈┈┈┈┈┈┈┈┈┈┈

외형 사물의 겉모양

스마트폰을 떨어트려 ┈┈┈┈┈┈┈┈┈┈┈┈┈┈┈┈┈┈

기상천외 기발함이 하늘을 넘어설 정도임

나는 언젠가 ┈┈┈┈┈┈┈┈┈┈┈┈┈┈┈┈┈┈┈┈┈┈┈

창의력 꽉 잡아

바깥 외(外)가 들어간 단어를 2개 이상 사용하여 문장을 써 보세요.

예시

그 장난감은 외형이 기상천외했다.

_____

탐구력 꽉 잡아

1. 단어에 '외'가 들어간 경우를 책 혹은 주변에서 찾아 빈칸에 써 보세요.
2. 바깥 외(外)가 사용된 단어에는 ○, 아니면 X를 표시해 보세요.

소외
(무리 밖으로
따돌리고 멀리함)

외교
(다른 나라와 정치적으로
관계를 맺음)

경외
(공경하고 두려워함)

가외
(두려워할 만함)

'두려워함'과 관련된 단어를 골라내 보세요.

3주 차 복습

1. 왼쪽 어휘를 보고 그 뜻으로 알맞은 것을 골라 선으로 연결하세요.

하인 •   • 규모가 중간 혹은 그보다
                           작음

외국 •   • 겉은 부드럽지만 속은 강하고
                           굳셈

상의 •   • 남의 집에 매여 일을 하는 사람

중소 •   • 위에 입는 옷

외유내강 •   • 자기 나라가 아닌 다른 나라

2. 다음 뜻을 가진 어휘를 쓰세요.

사물의 겉모양	위로 올라감	내 힘이 미치는 범위	더 낫고 더 못함의 차이가 거의 없음	몸속 내장을 수술 없이 치료하는 의학 분야
⬇	⬇	⬇	⬇	⬇

3. 보기에서 알맞은 한자어를 골라 각 뜻을 나타내는 어휘를 만들어 보세요.

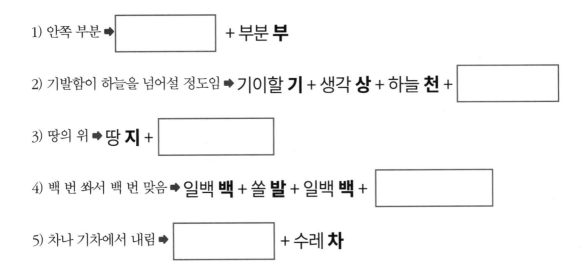

보기   위 **상**, 맞을 **중**, 아래 **하**, 안 **내**, 바깥 **외**

1) 안쪽 부분 ➡ [   ] + 부분 **부**

2) 기발함이 하늘을 넘어설 정도임 ➡ 기이할 **기** + 생각 **상** + 하늘 **천** + [   ]

3) 땅의 위 ➡ 땅 **지** + [   ]

4) 백 번 쏴서 백 번 맞음 ➡ 일백 **백** + 쏠 **발** + 일백 **백** + [   ]

5) 차나 기차에서 내림 ➡ [   ] + 수레 **차**

4. 다음 어휘를 이용해 한 문장 글쓰기를 해 보세요.

하강

➡ _____

국내

➡ _____

외출

➡ _____

탁상공론

➡ _____

중단

➡ _____

4주 차

高

뜻 소리
놓을 고

 추론력 꽉 잡아

한자의 뜻과 그림을 보고 단어의 뜻을 짐작해 보세요.

놓을 고 + 값 가
고가

놓을 고 + 손 수
고수

가장 최 + 놓을 고
최고

기운 기 + 놓을 고 + 일만 만 + 길이 장
기고만장

 **어휘력 꽉 잡아** 높을 고(高)가 숨어 있는 단어를 알아봅시다.

고가
높을 고 + 값 가

 뜻

높은 가격
비싼 가격

표현1　실수로 고가의 도자기를 깨고 말았다.

표현2　고가의 물건은 잘 보관해야 한다.

고수
높을 고 + 손 수

 뜻

높은 손
실력이 뛰어난 사람

표현1　아버지는 바둑의 고수이시다.

표현2　〈한자어 수업〉을 공부해 한자어 고수가 되었다.

 여기서 '손 수'는 사람이라는 뜻으로 사용되었습니다.

최고
가장 최 + 높을 고

 뜻

가장 높음

표현1　그는 우리 반에서 최고로 공부를 잘한다.

표현2　신발을 최고 30%까지 할인 중입니다.

기고만장
기운 기 + 높을 고 + 일만 만 + 길이 장

 뜻

기운이 만 장이나 뻗침
일이 잘되어 매우 우쭐해 함

표현1　1등을 하더니 아주 기고만장하구나!

표현2　기고만장하다가 나중에 큰코다친다.

 한 장은 약 3m로 만 장은 30km에 달합니다.

글쓰기 꽉 잡아

높을 고(高)를 넣어 한 문장 글쓰기를 해 보세요.

고가 _{비싼 가격}

도둑이 들어 ....

고수 _{실력이 뛰어난 사람}

열심히 노력해 ....

최고 _{가장 높음}

작년에 ....

기고만장 _{일이 잘되어 매우 우쭐해 함}

지현이는 ....

 **창의력 꽉 잡아** 높을 고(高)가 들어간 단어를 2개 이상 사용하여 문장을 써 보세요.

예시

그는 최고의 도자기를 만들어 낸 후 기고만장해졌다.

_____

 탐구력 꽉 잡아

1. 단어에 '고'가 들어간 경우를 책 혹은 주변에서 찾아 빈칸에 써 보세요.
2. 높을 고(高)가 사용된 단어에는 ○, 아니면 X를 표시해 보세요.

고온
(높은 온도)

고대
(옛 시대)

고물
(옛날 물건)

고속
(아주 빠른 속도)

'옛날'과 관련된 단어를 골라내 보세요.

低 낮을 저
뜻 소리

추론력 꽉 잡아

한자의 뜻과 그림을 보고 단어의 뜻을 짐작해 보세요.

낮을 저 + 값쌀 렴
저렴

낮을 저 + 따뜻할 온
저온

높을 고 + 낮을 저
고저

낮을 저 + 몸 체 + 따뜻할 온 + 증세 증
저체온증

낮을 저(低)가 숨어 있는 단어를 알아봅시다.

저렴
낮을 저 + 값쌀 렴

뜻
값이 싸고 낮음

표현1 바지 한 벌을 저렴하게 샀다.

표현2 저렴한 물건을 파는 가게에 손님이 북적인다.

저온
낮을 저 + 따뜻할 온

뜻
낮은 온도

표현1 고기는 저온에 보관해야 상하지 않는다.

표현2 일주일 넘게 저온이 지속되고 있다.

고저
높을 고 + 낮을 저

뜻
높고 낮음

표현1 음의 고저가 잘 표현된 노래이다.

표현2 이 산은 고저 차이가 심해 등산하기 힘들다.

저체온증
낮을 저 + 몸 체 + 따뜻할 온 + 증세 증

뜻
몸의 온도가 정상보다 낮은 증세

표현1 겨울철 저체온증을 주의해야 한다.

표현2 저체온증이 나타나면 몸을 따듯하게 해 주어야 한다.

 **글쓰기 꽉 잡아** 낮을 저(低)를 넣어 한 문장 글쓰기를 해 보세요.

저렴 값이 싸고 낮음

여행을 가서

저온 낮은 온도

냉장고는

고저 높고 낮음

고저를 비교해보니

저체온증 몸의 온도가 정상보다 낮은 증세

만약

 고저는 높낮이를 비교할 수 있는 두 대상을 생각해 보세요.

 **창의력 꽉 잡아** 낮을 저(低)가 들어간 단어를 2개 이상 사용하여 문장을 써 보세요.

예시

저온의 냉동 창고에서 오래 일하다 저체온증에 걸리고 말았다.

_____

탐구력 꽉 잡아

1. 단어에 '저'가 들어간 경우를 책 혹은 주변에서 찾아 빈칸에 써 보세요.
2. 낮을 저(低)가 사용된 단어에는 ○, 아니면 X를 표시해 보세요.

 **저능** (지능이 낮음)

저금 (돈을 모아 둠)

저질 (질이 낮음)

저수 (물을 모아 둠)

 '모아 두는 것'과 관련된 단어를 골라내 보세요.

고뜻

뜻 소리
강할 강

추론력 꽉 잡아

한자의 뜻과 그림을 보고 단어의 뜻을 짐작해 보세요.

강할 강 + 나라 국
강국

강할 강 + 누를 압
강압

없을 막 + 강할 강
막강

스스로 자 + 강할 강 + 아닐 불 + 쉴 식
자강불식

노력!

 어휘력 꽉 잡아   강할 강(強)이 숨어 있는 단어를 알아봅시다.

강국
강할 강 + 나라 국

뜻

강한 나라

표현1   우리나라는 IT 강국이다.

표현2   브라질은 세계 최고의 축구 강국이다.

강압
강할 강 + 누를 압

뜻

강하게 누름
힘이나 권력으로 강제로 누름

표현1   일본은 우리나라를 강압으로 빼앗
았다.

표현2   강압에 의한 약속은 취소할 수 있다.

 IT는 컴퓨터, 인터넷과 관련된 일을
말합니다.

막강
없을 막 + 강할 강

뜻

더할 수 없이 강함

표현1   우리 팀의 실력은 막강하다.

표현2   모든 왕이 막강한 힘을 가진 것은
아니다.

자강불식
스스로 자 + 강할 강 + 아닐 불 + 쉴 식

뜻

스스로 강해지려 노력하며 쉬지 않음

표현1   그는 자강불식하여 결국에는 최고가
되었다.

표현2   자강불식하면 언젠가는 성공할 수밖
에 없다.

글쓰기 꽉 잡아 강할 강(强)을 넣어 한 문장 글쓰기를 해 보세요.

강국 강한 나라

강국이 되면 ....

강압 힘이나 권력으로 강제로 누름

누군가 당신을 강압한다면 ....

막강 더할 수 없이 강함

막강한 힘으로 ....

자강불식 스스로 강해지려 노력하며 쉬지 않음

자강불식의 각오로 ....

창의력 꽉 잡아

강할 강(強)이 들어간 단어를 2개 이상 사용하여 문장을 써 보세요.

예시

매일같이 자강불식하여 결국 막강한 힘을 가지게 되었다.

_____

탐구력 꽉 잡아

1. 단어에 '강'이 들어간 경우를 책 혹은 주변에서 찾아 빈칸에 써 보세요.
2. 강할 강(強)이 사용된 단어에는 ○, 아니면 X를 표시해 보세요.

강도
(센 정도)

건강
(병이 없고 탈이 없는 상태)

강녕
(몸이 건강하고 마음이
편안함)

강렬
(강하고 세참)

'편안함'과 관련된 단어를 골라내 보세요.

翏

뜻   소리
약할 약

추론력 꽉 잡아

한자의 뜻과 그림을 보고 단어의 뜻을 짐작해 보세요.

약할 약 + 사람 자
약자

약할 약 + 점 점
약점

빌 허 + 약할 약
허약

약할 약 + 고기 육 + 강할 강 + 먹을 식
약육강식

 어휘력 꽉 잡아

약할 약(弱)이 숨어 있는 단어를 알아봅시다.

약자
약할 약 + 사람 자

 뜻

약한 사람

표현1 사회적 약자를 보호해야 한다.

표현2 강자가 약자를 괴롭혀서는 안 된다.

약점
약할 약 + 점 점

 뜻

약한 점, 모자라서 남에게 뒤떨어지거나 떳떳하지 못한 점

표현1 열심히 연습해서 약점을 보완했다.

표현2 약점을 들키지 않으려 노력했다.

허약
빌 허 + 약할 약

 뜻

속이 비고 약함
힘이나 기운이 없고 약함

표현1 허약한 몸으로는 공부하기 어렵다.

표현2 아이는 허약해서 늘 누워 있었다.

약육강식
약할 약 + 고기 육 + 강할 강 + 먹을 식

 뜻

약한 자는 강한 자에게 먹힘
약한 자는 강한 자에게 희생당함

표현1 정글은 약육강식의 세계이다.

표현2 인간 사회는 약육강식이 되어서는 안 된다.

 **글쓰기 꽉 잡아** 약할 약(弱)을 넣어 한 문장 글쓰기를 해 보세요.

약자 약한 사람

약자는 서로 ....

약점 모자라서 남에게 뒤떨어지거나 떳떳하지 못한 점

약점이 있지만 ....

허약 힘이나 기운이 없고 약함

허약하다면 ....

약육강식 약한 자는 강한 자에게 희생당함

약육강식이라지만 ....

약할 약(弱)이 들어간 단어를 2개 이상 사용하여 문장을 써 보세요.

예시

여기는 약육강식이니 약점을 보이지 않도록 해.

1. 단어에 '약'이 들어간 경우를 책 혹은 주변에서 찾아 빈칸에 써 보세요.
2. 약할 약(弱)이 사용된 단어에는 ○, 아니면 X를 표시해 보세요.

연약
(무르고 약함)

쇠약
(몸이 쇠퇴하여 약함)

약사
(약을 짓는 일을 하는 사람)

약국
(약사가 약을 파는 곳)

'아플 때 먹는 약'과 관련된 단어를 골라내 보세요.

太

뜻   소리
클 태

 한자의 뜻과 그림을 보고 단어의 뜻을 짐작해 보세요.

클 태 + 옛 고
태고

클 태 + 반 반
태반

클 태 + 평평할 평 + 큰 바다 양
태평양

하늘 천 + 아래 하 + 클 태 + 평평할 평
천하태평

★ '클 태(太)'는 다음에 배울 '클 대(大)'보다 더 큰 것을 의미합니다.

 어휘력 꽉 잡아 클 태(太)가 숨어 있는 단어를 알아봅시다.

태고
클 태 + 옛 고

 뜻

크게 옛날
아득히 먼 옛날

표현1 우리 민족은 태고 때부터 이 땅에 살았다.

표현2 그곳은 태고의 모습을 그대로 간직하고 있다.

태반
클 태 + 반 반

 뜻

절반보다 월등히 많음

표현1 마을 사람 태반이 벼농사를 짓고 있다.

표현2 아이들 태반이 그 만화를 좋아한다.

태평양
클 태 + 평평할 평 + 큰 바다 양

 뜻

크게 평안한 바다
우리나라, 미국, 호주를 잇는 큰 바다

표현1 여객선은 태평양을 건너 호주로 향했다.

표현2 삼촌은 태평양으로 참치를 잡으러 떠났다.

천하태평
하늘 천 + 아래 하 + 클 태 + 평평할 평

 뜻

하늘 아래 크게 평안함

표현1 그는 전혀 걱정 없이 천하태평이다.

표현2 천하태평으로 있으면 문제가 저절로 해결되니?

 천하태평은 어떤 일에 너무 무관심한 사람을 가볍게 놀릴 때 주로 사용합니다.

클 태(太)를 넣어 한 문장 글쓰기를 해 보세요.

태고 아득히 먼 옛날

태고에는 ....

태반 절반보다 월등히 많음

어른들 태반이 ....

태평양 우리나라, 미국, 호주를 잇는 큰 바다

비행기는 ....

천하태평 하늘 아래 크게 평안함

아빠는 ....

 **창의력 꽉 잡아** 　클 태(太)가 들어간 단어를 2개 이상 사용하여 문장을 써 보세요.

예시

태평양 바다 위를 항해하는 동안 그는 **천하태평**이었다.

 **탐구력 꽉 잡아**

1. 단어에 '태'가 들어간 경우를 책 혹은 주변에서 찾아 빈칸에 써 보세요.
2. 클 태(太)가 사용된 단어에는 ◯, 아니면 X를 표시해 보세요.

태극
(매우 큰 끝 쪽)

태도
(몸을 가누는 모양새)

실태
(있는 그대로의 모양)

태자
(황제의 뒤를 이을
황제의 큰아들)

 '모습'과 관련된 단어를 골라내 보세요.

4주 차 복습

콩나물쌤의 강의를 먼저 듣고 공부를 시작하면 이해가 쏙쏙!

QR 코드를 스캔하면 강의 영상을 볼 수 있어요.

1. 왼쪽 어휘를 보고 그 뜻으로 알맞은 것을 골라 선으로 연결하세요.

고가 •   • 더할 수 없이 강함

약육강식 •   • 비싼 가격

태고 •   • 약한 자는 강한 자에게
                                     희생당함

막강 •   • 낮은 온도

저온 •   • 아득히 먼 옛날

2. 다음 뜻을 가진 어휘를 쓰세요.

절반보다 월등히 많음	실력이 뛰어난 사람	높고 낮음	스스로 강해지 려 노력하며 쉬지 않음	약한 사람
⬇	⬇	⬇	⬇	⬇

3. 보기에서 알맞은 한자어를 골라 각 뜻을 나타내는 어휘를 만들어 보세요.

보기 **강할 강, 높을 고, 낮을 저, 약할 약, 클 태**

1) 모자라서 남에게 뒤떨어지거나 떳떳하지 못한 점 ➡ [   ] + 점 **점**

2) 우리나라, 미국, 호주를 잇는 큰 바다 ➡ [   ] + 평평할 **평** + 큰 바다 **양**

3) 가장 높음 ➡ 가장 **최** + [   ]

4) 몸의 온도가 정상보다 낮은 증세 ➡ [   ] + 몸 **체** + 따뜻할 **온** + 증세 **증**

5) 강한 나라 ➡ [   ] + 나라 **국**

4. 다음 어휘를 이용해 한 문장 글쓰기를 해 보세요.

강압

➡ _____

허약

➡ _____

천하태평

➡ _____

기고만장

➡ _____

저렴

➡ _____

5주차

大

뜻 소리
클 대

 **추론력 꽉 잡아**

한자의 뜻과 그림을 보고 단어의 뜻을 짐작해 보세요.

클 대 + 사람 가
대가

클 대 + 길 로
대로

없을 막 + 클 대
막대

칠 박 + 손바닥 장 + 클 대 + 웃을 소
박장대소

★ '클 대(大)'는 사람이 팔다리를 크게 펼치고 있는 모습입니다.

 **어휘력 꽉 잡아** 클 대(大)가 숨어 있는 단어를 알아봅시다.

대가
클 대 + 사람 가

뜻

큰사람
전문 분야에서 권위를 인정받는 사람

표현1   그는 줄타기의 대가이다.

표현2   그녀는 설득의 대가이다.

대로
클 대 + 길 로

뜻

큰길
폭이 넓고 큰길

표현1   대로에는 많은 사람들이 걷고 있었다.

표현2   범인이 대로로 달아나 찾기가 어렵다.

막대
없을 막 + 클 대

뜻

더할 수 없이 큼

표현1   폭풍으로 막대한 피해를 입었다.

표현2   사업 성공으로 막대한 부를 일구었다.

박장대소
칠 박 + 손바닥 장 + 클 대 + 웃을 소

뜻

손뼉을 치면서 크게 웃음

표현1   나의 농담에 그녀는 박장대소했다.

표현2   관객들은 박장대소하기 시작했다.

 '막대한 부를 일구었다'는
'큰 부자가 되었다'는 뜻입니다.

116

 클 대(大)를 넣어 한 문장 글쓰기를 해 보세요.

대가 _{전문 분야에서 권위를 인정받는 사람}

나는 ....

대로 _{폭이 넓고 큰길}

대로를 걸을 때는 ....

막대 _{더할 수 없이 큼}

막대한 노력을 들여 ....

박장대소 _{손뼉을 치면서 크게 웃음}

박장대소했더니 ....

클 대(大)가 들어간 단어를 2개 이상 사용하여 문장을 써 보세요.

예시
대가는 자신의 실력으로 막대한 부를 일구었다.

1. 단어에 '대'가 들어간 경우를 책 혹은 주변에서 찾아 빈칸에 써 보세요.
2. 클 대(大)가 사용된 단어에는 ○, 아니면 X를 표시해 보세요.

대폭
(넓은 너비, 매우 많이)

대리
(남의 일을 대신함)

성대
(가득할 정도로 크게)

대변
(대신하여 말함)

'대신하는 것'과 관련된 단어를 골라내 보세요.

小

뜻 소리
작을 소

 추론력 꽉 잡아

한자의 뜻과 그림을 보고 단어의 뜻을 짐작해 보세요.

작을 소 + 마음 심
소심

작을 소 + 작을 소
소소

가장 최 + 작을 소
최소

작을 소 + 탐낼 탐 + 클 대 + 잃을 실
소탐대실

점심 빨리 먹으려고 뛰다가 넘어졌어.

★ '작을 소'에서 '작을'은 크기가 크지 않음을 뜻합니다.

작을 소(小)가 숨어 있는 단어를 알아봅시다.

소심
작을 소 + 마음 심

뜻
작은 마음
조심성이 지나치게 많음

표현1   그 아이는 덩치는 큰데 너무 소심해.

표현2   소심한 성격이라 스트레스를 많이 받는다.

소소
작을 소 + 작을 소

뜻
작고 작음
작고 대수롭지 않음

표현1   소소한 선물이지만 받아 주세요.

표현2   소소한 문제는 그냥 넘어갑시다.

최소
가장 최 + 작을 소

뜻
가장 작음

표현1   폭발 사고로 최소 5명이 사망했습니다.

표현2   햄버거를 사려면 최소 3천 원은 필요하다.

소탐대실
작을 소 + 탐낼 탐 + 클 대 + 잃을 실

뜻
작은 것을 탐내다가 큰 것을 잃음

표현1   욕심이 크면 소탐대실하기 쉽다.

표현2   돈을 아끼려다 건강을 해치면 소탐대실이다.

작을 소(小)를 넣어 한 문장 글쓰기를 해 보세요.

소심 조심성이 지나치게 많음

소심한 아이가 ⌁⌁⌁⌁⌁⌁⌁⌁⌁⌁⌁⌁⌁⌁⌁⌁⌁⌁⌁⌁⌁⌁⌁⌁⌁⌁⌁

소소 작고 대수롭지 않음

여행을 가서 ⌁⌁⌁⌁⌁⌁⌁⌁⌁⌁⌁⌁⌁⌁⌁⌁⌁⌁⌁⌁⌁⌁⌁⌁⌁⌁⌁

최소 가장 작음

용돈은 ⌁⌁⌁⌁⌁⌁⌁⌁⌁⌁⌁⌁⌁⌁⌁⌁⌁⌁⌁⌁⌁⌁⌁⌁⌁⌁⌁⌁⌁⌁

소탐대실 작은 것을 탐내다가 큰 것을 잃음

소탐대실하지 않으려면 ⌁⌁⌁⌁⌁⌁⌁⌁⌁⌁⌁⌁⌁⌁⌁⌁⌁⌁⌁⌁⌁⌁⌁

 **창의력 꽉 잡아** 작을 소(小)가 들어간 단어를 2개 이상 사용하여 문장을 써 보세요.

예시
소심한 사람은 **소소**한 이익에 집착하다 **소탐대실**한다.

_____

 **탐구력 꽉 잡아**
1. 단어에 '소'가 들어간 경우를 책 혹은 주변에서 찾아 빈칸에 써 보세요.
2. 작을 소(小)가 사용된 단어에는 ○, 아니면 X를 표시해 보세요.

 **협소**
(공간이 좁고 작음)

소독
(세균이 사라지도록 하는 일)

소실
(사라져 없어짐)

왜소
(작고 초라함)

 '사라짐'과 관련된 단어를 골라내 보세요.

多

(뜻) (소리)

많을 다

추론력 꽉 잡아

한자의 뜻과 그림을 보고 단어의 뜻을 짐작해 보세요.

많을 다 + 급할 급
다급

불이 났어요!

많을 다 + 분량 량
다량

많다!

지나칠 과 + 많을 다
과다

많을 다 + 많을 다 + 더할 익 + 착할 선
다다익선

몇 개 줄까?

많으면 많을수록 좋아♪

 **어휘력 꽉 잡아** 많을 다(多)가 숨어 있는 단어를 알아봅시다.

다급
많을 다 + 급할 급

뜻
많이 급함

표현1 다급한 목소리로 구조를 요청했다.

표현2 다급한 일이 생겨서 약속을 취소했다.

다량
많을 다 + 분량 량

뜻
많은 분량

표현1 음식에서 세균이 다량 검출되었다.

표현2 다량의 커피를 마시면 잠들기 어렵다.

과다
지나칠 과 + 많을 다

뜻
지나치게 많음

표현1 설탕을 과다 섭취하면 당뇨병에 걸리게 된다.

표현2 약물 과다 복용으로 병원으로 실려 갔다.

다다익선
많을 다 + 많을 다 + 더할 익 + 착할 선

뜻
많으면 많을수록 더 좋음

표현1 당연히 용돈은 다다익선이다.

표현2 다다익선이니 조금만 더 준비합시다.

글쓰기 꽉 잡아 많을 다(多)를 넣어 한 문장 글쓰기를 해 보세요.

다급 _{많이 급함}

선생님은

다량 _{많은 분량}

창고에는

과다 _{지나치게 많음}

과다한

다다익선 _{많으면 많을수록 더 좋음}

다다익선이라지만

창의력 꽉 잡아

많을 다(多)가 들어간 단어를 2개 이상 사용하여 문장을 써 보세요.

예시

약은 과다 복용하면 문제가 생기기에 다다익선이 아니다.

탐구력 꽉 잡아

1. 단어에 '다'가 들어간 경우를 책 혹은 주변에서 찾아 빈칸에 써 보세요.
2. 많을 다(多)가 사용된 단어에는 ○, 아니면 X를 표시해 보세요.

다행
(행운이 많음)

다독
(책을 많이 읽음)

다과
(차와 과자)

다도
(차를 마실 때의 예의범절)

 '마시는 차'와 관련된 단어를 골라내 보세요.

뜻 소리

적을 소

 추론력 꽉 잡아

한자의 뜻과 그림을 보고 단어의 뜻을 짐작해 보세요.

적을 소 + 여자 녀
소녀

적을 소 + 분량 량
소량

적을 사 + 적을 소
사소

한 일 + 웃을 소 + 한 일 + 적을 소
일소일소

★ '적을 소'에서 '적을'은 양이 많지 않음을 뜻합니다.

적을 소(少)가 숨어 있는 단어를 알아봅시다.

소녀
적을 소 + 여자 녀

뜻

나이가 적은 여자
어린 여자아이

표현1 소녀는 환하게 웃고 있었다.

표현2 그 소녀는 힘은 비록 약해도 마음만은 강하다.

소량
적을 소 + 분량 량

뜻

적은 분량

표현1 상처 부위에 약을 소량만 바르세요.

표현2 우리 회사는 고품질의 제품을 소량 생산한다.

사소
적을 사 + 적을 소

뜻

적고 적음
보잘것없이 작음

표현1 사소한 일로 다투지 말자.

표현2 사소한 일을 기뻐해야 행복하게 살 수 있다.

일소일소
한 일 + 웃을 소 + 한 일 + 적을 소

뜻

한 번 웃으면 한 번 젊어짐

표현1 일소일소라는데 다 같이 크게 웃어 봅시다.

표현2 일소일소라며 할아버지는 크게 웃으셨다.

한 번 화내면 한 번 늙는다는 '일노일로'라는 말도 있습니다.

 적을 소(少)를 넣어 한 문장 글쓰기를 해 보세요.

소녀 어린 여자아이

소녀는 그만 ....

소량 적은 분량

소량의 ....

사소 보잘것없이 작음

사소해 보이지만 ....

일소일소 한 번 웃으면 한 번 젊어짐

일소일소인 이유는 ....

129

적을 소(少)가 들어간 단어를 2개 이상 사용하여 문장을 써 보세요.

예시

소녀는 사소한 일로 다투고 있었다.

1. 단어에 '소'가 들어간 경우를 책 혹은 주변에서 찾아 빈칸에 써 보세요.
2. 적을 소(少)가 사용된 단어에는 ○, 아니면 X를 표시해 보세요.

감소
(양이 줄어듦)

소감
(느낀 것)

소망
(바라는 것)

근소
(얼마 되지 않을 만큼
아주 적음)

 '어떤 것'과 관련된 단어를 골라내 보세요.

130

공부한 날
월 일

長

(뜻) 길 (소리) 장

추론력 꽉 잡아

한자의 뜻과 그림을 보고 단어의 뜻을 짐작해 보세요.

길 장 + 목숨 수
장수

길 장 + 점 점
장점

밝은 성격 잘 웃는다.
친절해 축구를 잘한다.

모일 회 + 길 장
회장

회장선거

탈 승 + 이길 승 + 길 장 + 몰 구
승승장구

또 이겼다

 **어휘력 꽉 잡아** 길 장(長)이 숨어 있는 단어를 알아봅시다.

장수
길 장 + 목숨 수

 뜻

긴 목숨
오래 삶

표현1 할아버지 장수하세요!

표현2 거북이는 대표적인 장수 동물이다.

장점
길 장 + 점 점

 뜻

상대적으로 긴 점
좋은 점, 잘하는 점

표현1 이 옷은 편하다는 것이 장점이다.

표현2 장점을 키우기 위해 노력했다.

회장
모일 회 + 길 장

 뜻

모임의 우두머리

표현1 형은 대한중학교 전교 회장이다.

표현2 회사에서 회장이 가장 높은 사람이다.

승승장구
달 승 + 이길 승 + 길 장 + 몰 구

 뜻

싸움에서 이긴 기세를 타고
계속 몰아침

표현1 이순신 장군은 싸움마다 승승장구하였다.

표현2 우리 팀이 승승장구하자 모두 신이 났다.

 회장에서 '길 장(長)'은 '우두머리'라는 뜻으로 사용되었습니다.

글쓰기 꽉 잡아 길 장(長)을 넣어 한 문장 글쓰기를 해 보세요.

장수 _{오래 삶}

장수하려면

장점 _{좋은 점, 잘하는 점}

나의 장점은

회장 _{모임의 우두머리}

회장이 되면

승승장구 _{싸움에서 이긴 기세를 타고 계속 몰아침}

승승장구할 때

창의력 꽉 잡아

길 장(長)이 들어간 단어를 2개 이상 사용하여 문장을 써 보세요.

예시

> 회장님이 새로 오신 이후로 우리 회사는 승승장구 중이다.

탐구력 꽉 잡아

1. 단어에 '장'이 들어간 경우를 책 혹은 주변에서 찾아 빈칸에 써 보세요.
2. 길 장(長)이 사용된 단어에는 ○, 아니면 X를 표시해 보세요.

장기
(긴 기간)

농장
(농사를 짓는 장소)

장신
(긴 몸, 키가 큼)

장내
(어떤 장소 안)

'장소'와 관련된 단어를 골라내 보세요.

5주 차 복습

콩나물쌤의 강의를 먼저 듣고 공부를 시작하면 이해가 쏙쏙!

QR 코드를 스캔하면 강의 영상을 볼 수 있어요.

1. 왼쪽 어휘를 보고 그 뜻으로 알맞은 것을 골라 선으로 연결하세요.

다량 ●   ● 전문 분야에서 권위를
　　　　　　　　　　　　인정받는 사람

소소 ●

　　　　　　　　　　　● 오래 삶

일소일소 ●

　　　　　　　　　　　● 작고 대수롭지 않음

장수 ●

　　　　　　　　　　　● 많은 분량

대가 ●

　　　　　　　　　　　● 한 번 웃으면 한 번 젊어짐

2. 다음 뜻을 가진 어휘를 쓰세요.

| 좋은 점, 잘하는 점 | 폭이 넓고 큰 길 | 가장 작음 | 지나치게 많음 | 어린 여자아이 |

3. 보기에서 알맞은 한자어를 골라 각 뜻을 나타내는 어휘를 만들어 보세요.

보기   길 **장,** 작을 **소,** 많을 **다,** 적을 **소,** 클 **대**

1) 적은 분량 ➡ [   ] + 분량 **량**

2) 모임의 우두머리 ➡ 모일 **회** + [   ]

3) 더할 수 없이 큼 ➡ 없을 **막** + [   ]

4) 작은 것을 탐내다가 큰 것을 잃음 ➡ [   ] + 탐낼 **탐** + 클 **대** + 잃을 **실**

5) 많으면 많을수록 더 좋음 ➡ [   ] + 많을 **다** + 더할 **익** + 착할 **선**

4. 다음 어휘를 이용해 한 문장 글쓰기를 해 보세요.

다급

➡ _____

사소

➡ _____

승승장구

➡ _____

박장대소

➡ _____

소심

➡ _____

短 짧을 단

뜻 소리

추론력 꽉 잡아 한자의 뜻과 그림을 보고 단어의 뜻을 짐작해 보세요.

짧을 단 + 줄일 축
단축

오늘은 방학이라 이것으로 수업을 마치겠습니다.

짧을 단 + 점 점
단점

잠이 많다
행동이 느려
거절을 못해

짧을 단 + 때 기 + 사이 간
단기간

일주일만에 다 읽었어!

한 일 + 길 장 + 한 일 + 짧을 단
일장일단

행동이 느리지만 꼼꼼해!

짧을 단(短)이 숨어 있는 단어를 알아봅시다.

단축
짧을 단 + 줄일 축

뜻

짧게 줄임

표현1 방학을 앞두고 단축 수업을 했다.

표현2 자전거를 타고 가면 20분 단축할 수 있다.

단점
짧을 단 + 점 점

뜻

상대적으로 짧은 점
모자라거나 잘못된 점

표현1 누나는 착하지만 성격이 급한 단점이 있다.

표현2 치킨의 단점은 살이 많이 찐다는 것이다.

단기간
짧을 단 + 때 기 + 사이 간

뜻

짧은 기간

표현1 공부를 단기간에 끝낼 수는 없다.

표현2 단기간에 문제를 해결해야 한다.

일장일단
한 일 + 길 장 + 한 일 + 짧을 단

뜻

장점도 있고 단점도 있음

표현1 사람에게는 모두 일장일단이 있다.

표현2 그 방법에는 일장일단이 있으니 잘 생각해 봅시다.

'길 장'은 장점을,
'짧을 단'은 단점을 뜻합니다.

 **글쓰기 꽉 잡아** 짧을 단(短)을 넣어 한 문장 글쓰기를 해 보세요.

단축 짧게 줄임

시간을 단축하면 ┈┈┈┈┈┈┈┈┈┈┈┈┈┈┈┈┈┈┈┈┈┈┈┈

단점 모자라거나 잘못된 점

나의 단점은 ┈┈┈┈┈┈┈┈┈┈┈┈┈┈┈┈┈┈┈┈┈┈┈┈

단기간 짧은 기간

엄마는 ┈┈┈┈┈┈┈┈┈┈┈┈┈┈┈┈┈┈┈┈┈┈┈┈┈┈┈

일장일단 장점도 있고 단점도 있음

┈┈┈┈┈┈┈┈┈┈┈┈┈┈┈┈┈┈┈┈┈┈ 라는 일장일단이 있다.

창의력 꽉 잡아

짧을 단(短)이 들어간 단어를 2개 이상 사용하여 문장을 써 보세요.

예시

모든 일에는 일장일단이 있으니 너무 단점만 보아서는 안 된다.

탐구력 꽉 잡아

1. 단어에 '단'이 들어간 경우를 책 혹은 주변에서 찾아 빈칸에 써 보세요.
2. 짧을 단(短)이 사용된 단어에는 ○, 아니면 X를 표시해 보세요.

단검
(짧은 칼)

단합
(사람이 모여 마음과
힘을 합침)

악단
(음악을 하려 모인 단체)

단소
(대나무로 만든 짧은 악기)

'모임'과 관련된 단어를 골라내 보세요.

輕 가벼울 경

뜻 소리

추론력 꽉 잡아

한자의 뜻과 그림을 보고 단어의 뜻을 짐작해 보세요.

가벼울 경 + 기쁠 쾌
경쾌

폴짝!

가벼울 경 + 가벼울 솔
경솔

내가 경솔했어.

가벼울 경 + 볼 시
경시

가벼울 경 + 들 거 + 망령될 망 + 움직일 동
경거망동

히히히
퍽!

가벼울 경(輕)이 숨어 있는 단어를 알아봅시다.

경쾌
가벼울 경 + 기쁠 쾌

뜻
기분이나 움직임이 가볍고 기쁨

표현1 언니는 경쾌하게 뛰어들어 왔다.

표현2 경쾌한 음악이 들려 기분이 좋았다.

경솔
가벼울 경 + 가벼울 솔

뜻
말이나 행동이 조심성 없이 가벼움

표현1 경솔하게 행동하다 다칠 뻔했다.

표현2 경솔하게 말을 하다 미움을 샀다.

언행은 말과 행동을 뜻합니다.

경시
가벼울 경 + 볼 시

뜻
가볍게 봄
대수롭지 않게 생각함

표현1 생명을 경시해서는 안 된다.

표현2 공부를 경시하면 좋은 성적을 얻을 수 없다.

경거망동
가벼울 경 + 들 거 + 망령될 망 + 움직일 동

뜻
가볍고 망령되게 움직임

표현1 어디를 가나 경거망동하지 말아야 한다.

표현2 경거망동하면 사람들에게 무시를 당한다.

망령되게는 '정신이 흐려서 정상이 아니게' 라는 뜻입니다.

 **글쓰기 꽉 잡아** 가벼울 경(輕)을 넣어 한 문장 글쓰기를 해 보세요.

경쾌 기분이나 움직임이 가볍고 기쁨

경쾌한 마음으로 :..:

경솔 말이나 행동이 조심성 없이 가벼움

경솔하게 말했다면 :..:

경시 대수롭지 않게 생각함

누군가 나를 경시한다면 :..:

경거망동 가볍고 망령되게 움직임

어제는 :..:

 **창의력 꽉 잡아**

가벼울 경(輕)이 들어간 단어를 2개 이상 사용하여 문장을 써 보세요.

예시

경쾌하게 행동하나 **경거망동**해서는 안된다.

_____

 **탐구력 꽉 잡아**

1. 단어에 '경'이 들어간 경우를 책 혹은 주변에서 찾아 빈칸에 써 보세요.
2. 가벼울 경(輕)이 사용된 단어에는 ◯, 아니면 X를 표시해 보세요.

경멸
(남을 깔보고 업신여김)

공경
(공손한 마음으로 존경함)

경박
(언행이 가볍고 신중하지 못함)

경애
(존경하고 사랑함)

 '공손함'과 관련된 단어를 골라내 보세요.

146

重

뜻 **무거울** 소리 **중**

 **추론력 꽉 잡아**

한자의 뜻과 그림을 보고 단어의 뜻을 짐작해 보세요.

무거울 중 + 클 대
중대

무거울 중 + 힘 력
중력

가벼울 경 + 무거울 중
경중

무거울 중 + 말씀 언 + 다시 부 + 말씀 언
중언부언

 **어휘력 꽉 잡아** 무거울 중(重)이 숨어 있는 단어를 알아봅시다.

중대
무거울 중 + 클 대

 뜻

가볍게 여길 수 없을 만큼 중요하고 큼

표현1 매우 중대한 사건이 벌어졌다.

표현2 아빠는 회사에서 중대한 역할을 하고 있다.

중력
무거울 중 + 힘 력

 뜻

지구가 무게 있는 물체를 끌어당기는 힘

표현1 물건이 아래로 떨어지는 이유는 중력 때문이다.

표현2 우주에는 중력이 없어 사람이 떠다닐 수 있다.

경중
가벼울 경 + 무거울 중

 뜻

가벼움과 무거움
중요하지 않은 것과 중요한 것

표현1 죄의 경중을 따져 벌을 내려야 한다.

표현2 부상의 경중에 따라 치료 순서를 정했다.

중언부언
무거울 중 + 말씀 언 + 다시 부 + 말씀 언

 뜻

거듭 말하고 또다시 말함
이미 한 말을 자꾸 되풀이함

표현1 민수는 아까부터 중언부언하고 있다.

표현2 발표할 때 중언부언해서 창피하다.

 중언부언에서 무거울 중은 '거듭' 혹은 '여러 번'이라는 뜻으로 바뀌었습니다.

무거울 중(重)을 넣어 한 문장 글쓰기를 해 보세요.

중대 가볍게 여길 수 없을 만큼 중요하고 큼

어제는

중력 지구가 무게 있는 물체를 끌어당기는 힘

만약 중력이 없다면

경중 중요하지 않은 것과 중요한 것

보석은 경중에 따라

중언부언 이미 한 말을 자꾸 되풀이함

중언부언하지 않으려면

창의력 꽉 잡아 무거울 중(重)이 들어간 단어를 2개 이상 사용하여 문장을 써 보세요.

예시

죄의 경중을 따져야 하니 중언부언하지 말고 똑바로 말하세요.

1. 단어에 '중'이 들어간 경우를 책 혹은 주변에서 찾아 빈칸에 써 보세요.
2. 무거울 중(重)이 사용된 단어에는 ○, 아니면 X를 표시해 보세요.

중형
(무거운 벌)

중책
(중대한 책임)

관중
(관람하는 사람의 무리)

군중
(한곳에 모인 사람의 무리)

'무리'와 관련된 단어를 골라내 보세요.

묘

뜻   소리
오를 등

추론력 꽉 잡아

한자의 뜻과 그림을 보고 단어의 뜻을 짐작해 보세요.

오를 등 + 학교 교
등교

오를 등 + 다할 극
등극

오를 등 + 기록할 록
등록

오를 등 + 마당 장 + 사람 인 + 만물 물
등장인물

아침수영
등록하려구요.

어휘력 꽉 잡아 오를 등(登)이 숨어 있는 단어를 알아봅시다.

등교
오를 등 + 학교 교

 뜻

수업을 들으러 학교에 감

표현1 등교 시간이라 학생들이 많이 보인다.

표현2 등교할 때 차 조심하렴!!

등극
오를 등 + 다할 극

 뜻

가장 높은 자리에 오름

표현1 세계 대회에서 챔피언으로 등극했다.

표현2 임금이 죽자 세자가 왕으로 등극하였다.

등록
오를 등 + 기록할 록

 뜻

문서에 올려 기록함
자격을 얻기 위해 문서를 올림

표현1 수영을 배우려고 아침 수영반에 등록했다.

표현2 영어 학원을 등록하고 돌아오는 길이다.

등장인물
오를 등 + 마당 장 + 사람 인 + 만물 물

 뜻

소설이나 영화 등에 나오는 사람

표현1 등장인물의 행동을 통해 성격을 짐작할 수 있다.

표현2 그 영화의 등장인물은 모두 슈퍼히어로였다.

 **글쓰기 꽉 잡아** 오를 등(登)을 넣어 한 문장 글쓰기를 해 보세요.

등교 수업을 들으러 학교에 감

등교하기 전에

등극 가장 높은 자리에 오름

내가 만약

등록 자격을 얻기 위해 문서를 올림

언니는

등장인물 소설이나 영화 등에 나오는 사람

등장인물이 만약

창의력 꽉 잡아 오를 등(登)이 들어간 단어를 2개 이상 사용하여 문장을 써 보세요.

예시

여러 등장인물 중 누가 챔피언으로 등극할까?

탐구력 꽉 잡아

1. 단어에 '등'이 들어간 경우를 책 혹은 주변에서 찾아 빈칸에 써 보세요.
2. 오를 등(登)이 사용된 단어에는 ○, 아니면 X를 표시해 보세요.

등반
(험한 산을 오름)

동등
(등급이 같음)

등용
(인재를 뽑아 씀)

우등
(우수한 등급)

 '등급'과 관련된 단어를 골라내 보세요.

落 ^뜻떨어질 ^{소리}락

 추론력 꽉 잡아 한자의 뜻과 그림을 보고 단어의 뜻을 짐작해 보세요.

떨어질 락 + 마음 심
낙심

떨어질 락 + 잎 엽
낙엽

아래 하 + 떨어질 락
하락

까마귀 오 + 날 비 + 배나무 이 + 떨어질 락
오비이락

★ '떨어질 락'(落)은 '낙'으로 쓰는 경우도 많습니다.

 떨어질 락(落)이 숨어 있는 단어를 알아봅시다.

낙심

떨어질 락 + 마음 심

뜻

바라던 일이 이루어지지 않아
마음이 떨어지듯 아픔

표현1 시험에서 탈락해 낙심이 크다.

표현2 그는 너무나 낙심해 눈물을 흘렸다.

낙엽

떨어질 낙 + 잎 엽

뜻

말라서 떨어지는 나뭇잎

표현1 바람이 불자 낙엽이 떨어졌다.

표현2 할아버지는 낙엽을 쓸고 계셨다.

하락

아래 하 + 떨어질 락

뜻

아래로 떨어짐

표현1 형의 성적은 점차 하락 중이다.

표현2 쌀값이 하락해 농부의 근심이 커지
고 있다.

오비이락

까마귀 오 + 날 비 + 배나무 이 + 떨어질 락

뜻

까마귀 날자 배 떨어지듯 아무 상관없는
일이 동시에 일어나 괜히 오해를 받음

표현1 내가 있는 동안 물건이 없어져 오비
이락으로 의심을 사고 있다.

표현2 오비이락이라고 괜히 오해받을 수
있으니 행동을 조심해라.

 배가 떨어지는 순간에 까마귀가 날면
사람들이 까마귀 때문에 배가 떨어졌다고
오해할 수 있습니다.

 **글쓰기 꽉 잡아** 떨어질 락(落)을 넣어 한 문장 글쓰기를 해 보세요.

낙심 바라던 일이 이루어지지 않아 마음이 떨어지듯 아픔

낙심이 크지만

낙엽 말라서 떨어지는 나뭇잎

산에는

하락 아래로 떨어짐

하락할 때

오비이락 까마귀 날자 배 떨어지듯 아무 상관없는 일이 동시에 일어나 괜히 오해를 받음

오비이락이라는 말처럼

창의력 꽉 잡아

떨어질 락(落)이 들어간 단어를 2개 이상 사용하여 문장을 써 보세요.

예시

> 누나의 성적이 심하게 하락하자 엄마는 크게 낙심했다.

탐구력 꽉 잡아

1. 단어에 '락'이 들어간 경우를 책 혹은 주변에서 찾아 빈칸에 써 보세요.
2. 떨어질 락(落)이 사용된 단어에는 ○, 아니면 X를 표시해 보세요.

급락
(가격 등이 갑자기 떨어짐)

낙오
(사람들 무리에서 처져 뒤떨어짐)

음악
(소리, 노래로 표현하는 예술)

악기
(음악을 연주하는 기구)

'음악'과 관련된 단어를 골라내 보세요.

6주 차 복습

콩나물쌤의 강의를 먼저 듣고 공부를 시작하면 이해가 쏙쏙!

QR 코드를 스캔하면 강의 영상을 볼 수 있어요.

1. 왼쪽 어휘를 보고 그 뜻으로 알맞은 것을 골라 선으로 연결하세요.

등장인물 •   • 짧게 줄임

단축 •   • 중요하지 않은 것과 중요한 것

경중 •   • 말이나 행동이 조심성 없이
                                        가벼움

낙심 •   • 소설이나 영화 등에 나오는
                                        사람

경솔 •   • 바라던 일이 이루어지지 않아
                                        마음이 떨어지듯 아픔

2. 다음 뜻을 가진 어휘를 쓰세요.

| 말라서 떨어지는 나뭇잎 | 모자라거나 잘못된 점 | 대수롭지 않게 생각함 | 이미 한 말을 자꾸 되풀이함 | 수업을 들으러 학교에 감 |

3. 보기에서 알맞은 한자어를 골라 각 뜻을 나타내는 어휘를 만들어 보세요.

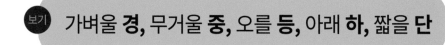

보기 가벼울 **경**, 무거울 **중**, 오를 **등**, 아래 **하**, 짧을 **단**

1) 수업을 들으러 학교에 감 ➡ ⬚ + 학교 **교**

2) 아래로 떨어짐 ➡ ⬚ + 떨어질 **락**

3) 짧은 기간 ➡ ⬚ + 때 **기** + 사이 **간**

4) 가볍고 망령되게 움직임 ➡ ⬚ + 들 **거** + 망령될 **망** + 움직일 **동**

5) 가볍게 여길 수 없을 만큼 중요하고 큼 ➡ ⬚ + 클 **대**

4. 다음 어휘를 이용해 한 문장 글쓰기를 해 보세요.

중력

➡ _____

등록

➡ _____

오비이락

➡ _____

일장일단

➡ _____

경쾌

➡ _____

정답

1주 차 복습

1. 왼쪽 어휘를 보고 그 뜻으로 알맞은 것을 골라 선으로 연결하세요.

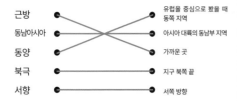

근방	유럽을 중심으로 봤을 때 동쪽 지역
동남아시아	아시아 대륙의 동남부 지역
동양	가까운 곳
북극	지구 북쪽 끝
서향	서쪽 방향

2. 다음 뜻을 가진 어휘를 쓰세요.

1) 북미
2) 전방
3) 동해
4) 동서고금
5) 남극

3. 보기에서 알맞은 한자어를 골라 각 뜻을 나타내는 어휘를 만들어 보세요.

1) 남쪽 남
2) 북쪽 북
3) 모 방
4) 동쪽 동
5) 서쪽 서

4. 다음 어휘를 이용해 한 문장 글쓰기를 해 보세요.

(예시)
1) 서풍이 불어오자 낙엽이 떨어졌다.
2) 남한에 살 수 있어서 다행이다.
3) 북풍한설이 심할 때는 감기를 조심해야 한다.
4) 천방지축으로 장난치다가 다치고야 말았다.
5) 동북아시아에서 우리나라가 가장 살기 좋다.

2주 차 복습

1. 왼쪽 어휘를 보고 그 뜻으로 알맞은 것을 골라 선으로 연결하세요.

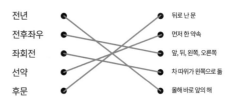

전년	뒤로 난 문
전후좌우	먼저 한 약속
좌회전	앞, 뒤, 왼쪽, 오른쪽
선약	차 따위가 왼쪽으로 돎
후문	올해 바로 앞의 해

2. 다음 뜻을 가진 어휘를 쓰세요.

1) 선사
2) 전반
3) 식후
4) 좌지우지
5) 우측

3. 보기에서 알맞은 한자어를 골라 각 뜻을 나타내는 어휘를 만들어 보세요.

1) 오른쪽 우
2) 먼저 선
3) 앞 전
4) 뒤 후
5) 왼쪽 좌

4. 다음 어휘를 이용해 한 문장 글쓰기를 해 보세요.

(예시)
1) 지방으로 좌천되었지만 열심히 노력하고 있다.
2) 나는 우뇌와 좌뇌 중 어디가 더 발달했을까?
3) 솔선수범하여 행동을 하는 사람이 가장 발전한다.
4) 문전박대를 당해 너무 속상하다.
5) 맛이 좋으니 좋은 후기를 남겨야겠다.

3주 차 복습

1. 왼쪽 어휘를 보고 그 뜻으로 알맞은 것을 골라 선으로 연결하세요.

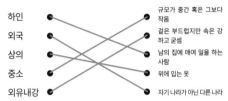

하인
외국
상의
중소
외유내강

규모가 중간 혹은 그보다 작음
겉은 부드럽지만 속은 강하고 굳셈
남의 집에 매여 일을 하는 사람
위에 입는 옷
자기 나라가 아닌 다른 나라

2. 다음 뜻을 가진 어휘를 쓰세요.

1) 외형
2) 상승
3) 수중
4) 막상막하
5) 내과

3. 보기에서 알맞은 한자어를 골라 각 뜻을 나타내는 어휘를 만들어 보세요.

1) 안 내
2) 바깥 외
3) 위 상
4) 맞을 중
5) 아래 하

4. 다음 어휘를 이용해 한 문장 글쓰기를 해 보세요.

(예시)
1) 헬리콥터에서 군인들이 하강하기 시작했다.
2) 국내에 있는 식물은 총 몇 종일까?
3) 외출하고 다녀오면 손발을 잘 씻어야 한다.
4) 탁상공론은 멈추고 실제로 문제를 해결할 방법을 찾아야 한다.
5) 사람이 다쳐 공사가 중단된 상태이다.

4주 차 복습

1. 왼쪽 어휘를 보고 그 뜻으로 알맞은 것을 골라 선으로 연결하세요.

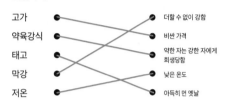

고가
약육강식
태고
막강
저온

더할 수 없이 강함
비싼 가격
약한 자는 강한 자에게 희생당함
낮은 온도
아득히 먼 옛날

2. 다음 뜻을 가진 어휘를 쓰세요.

1) 태반
2) 고수
3) 고저
4) 자강불식
5) 약자

3. 보기에서 알맞은 한자어를 골라 각 뜻을 나타내는 어휘를 만들어 보세요.

1) 약할 약
2) 클 태
3) 높을 고
4) 낮을 저
5) 강할 강

4. 다음 어휘를 이용해 한 문장 글쓰기를 해 보세요.

(예시)
1) 강압적인 방법으로 수사한 내용은 모두 무효다.
2) 허약하게 태어났지만 열심히 운동해 건강해졌다.
3) 시험이 내일인데 천하태평으로 놀고 있을 때니?
4) 시합에 이긴 선수가 기고만장한 태도를 보이고 있다.
5) 저렴한 물건을 샀더니 금방 고장났다.

5주 차 복습

1. 왼쪽 어휘를 보고 그 뜻으로 알맞은 것을 골라 선으로 연결하세요.

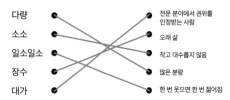

다량	전문 분야에서 권위를 인정받는 사람
소소	오래 삶
일소일소	작고 대수롭지 않음
장수	많은 분량
대가	한 번 웃으면 한 번 젊어짐

2. 다음 뜻을 가진 어휘를 쓰세요.

1) 장점
2) 대로
3) 최소
4) 과다
5) 소녀

3. 보기에서 알맞은 한자어를 골라 각 뜻을 나타내는 어휘를 만들어 보세요.

1) 적을 소
2) 길 장
3) 클 대
4) 작을 소
5) 많을 다

4. 다음 어휘를 이용해 한 문장 글쓰기를 해 보세요.

(예시)
1) 누군가 다급한 목소리로 도움을 요청했다.
2) 사소한 말다툼으로 싸움이 벌어졌다.
3) 이모는 사격 대회에서 승승장구하고 있었다.
4) 내가 한 말에 선생님이 박장대소하셨다.
5) 어릴 때는 소심했지만 점점 용기가 생기고 있다.

6주 차 복습

1. 왼쪽 어휘를 보고 그 뜻으로 알맞은 것을 골라 선으로 연결하세요.

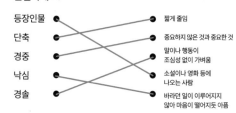

등장인물	짧게 줄임
단축	중요하지 않은 것과 중요한 것
경중	말이나 행동이 조심성 없이 가벼움
낙심	소설이나 영화 등에 나오는 사람
경솔	바라던 일이 이루어지지 않아 마음이 떨어지듯 아픔

2. 다음 뜻을 가진 어휘를 쓰세요.

1) 낙엽
2) 단점
3) 경시
4) 중언부언
5) 등교

3. 보기에서 알맞은 한자어를 골라 각 뜻을 나타내는 어휘를 만들어 보세요.

1) 오를 등
2) 아래 하
3) 짧을 단
4) 가벼울 경
5) 무거울 중

4. 다음 어휘를 이용해 한 문장 글쓰기를 해 보세요.

(예시)
1) 중력으로 인해 모든 물체는 아래로 떨어진다.
2) 아빠는 헬스장을 새로 등록했다.
3) 오비이락이라더니 하필 내가 쓸 때 고장났다.
4) 우리 엄마에게는 일장일단이 있다.
5) 경쾌한 발걸음으로 뛰어가고 있었다.